民航安全概述与航空安保

周为民 孙 明 编 著

清华大学出版社
北 京

内 容 简 介

本书以航空安全为中心，以航空安全保卫为扩展，围绕民航乘务员需要掌握的知识点，从安全管理、安全职责、安全因素、安全操作和安全保卫的角度出发，共编写九章内容，主题分别为：民航安全管理体系、机组资源管理、飞行安全概述、客舱安全概述、旅客安全概述、客舱应急处置、航空安全保卫、非法干扰及扰乱行为、野外求生。书中列举了大量真实案例，通过案例理解理论，使读者明白航空安全规章都是建立在血泪教训之上，更加懂得遵守规章制度的重要性。

本书内容翔实、结构合理、知识点完整、表述通俗易懂，既适合作为高等院校空中乘务及相关专业的教材，也可供民航从业人员作为参考用书。

本书封面贴有清华大学出版社防伪标签，无标签者不得销售。
版权所有，侵权必究。举报：010-62782989，beiqinquan@tup.tsinghua.edu.cn。

图书在版编目(CIP)数据

民航安全概述与航空安保/周为民，孙明编著. —北京：清华大学出版社，2021.9（2024.1 重印）
ISBN 978-7-302-59059-0

Ⅰ.①民… Ⅱ.①周…②孙… Ⅲ.①民用航空—航空安全—安全管理 Ⅳ.①F560.69

中国版本图书馆CIP数据核字(2021)第178889号

责任编辑：张 瑜
封面设计：杨玉兰
责任校对：李玉茹
责任印制：沈 露

出版发行：清华大学出版社
网　　址：https://www.tup.com.cn, https://www.wqxuetang.com
地　　址：北京清华大学学研大厦A座　　邮　编：100084
社 总 机：010-83470000　　邮　购：010-62786544
投稿与读者服务：010-62776969, c-service@tup.tsinghua.edu.cn
质量反馈：010-62772015, zhiliang@tup.tsinghua.edu.cn
课件下载：https://www.tup.com.cn, 010-62791865

印 装 者：三河市龙大印装有限公司
经　　销：全国t新华书店
开　　本：185mm×260mm　　印　张：12.25　　字　数：298千字
版　　次：2021年10月第1版　　印　次：2024年1月第2次印刷
定　　价：49.00元

产品编号：068980-01

前　言

安全，是民航业的生命线，是全球所有航空公司的重要指导思想和生存法则的基础。在民航领域，空勤人员坚守住安全底线，就是对生命的敬畏。随着我国民航业的快速发展，民航乘务员除了要保障高质量的客舱服务工作，还承担着客舱安全的责任，更肩负着保卫航空安全的重任。客舱安全管理与应急处置是民航乘务员必须具备的职业技能。在遇到突发状况时，正确、果断地采取对策与措施，才能使损害降到最低程度，为航空安全保驾护航。

本书共分为九章，各章主要内容介绍如下。

第一章首先介绍了民航安全管理体系，包括安全管理体系的产生与发展和我国安全管理体系现状，同时介绍了国际民航组织的相关内容。

第二章对机组资源管理进行了详细阐述，包括机组资源管理概述、重要模型应用和人为差错，重点介绍了墨菲定律、海恩法则、SHELL模型等六个重要理论。

第三章介绍了涉及飞行安全的环境因素、人为因素和机场管理因素。

第四章是客舱安全概述，包括客舱安全管理、客舱安全职责、客舱安全程序和客舱安全规则，全面分析了乘务员应该掌握的客舱安全要点。

第五章是旅客安全概述，通过分析不同旅客的情况，讲解如何确保航空安全。

第六章讲述客舱应急处置，从应急撤离、客舱释压、飞机颠簸、机上火灾与烟雾和危险品五个方面，介绍乘务员应该掌握的安全处置内容。

第七章（航空安全保卫）和第八章（非法干扰及扰乱行为），是结合当前国际民航业对航空安全的要求而编写的，从空防安全的角度介绍航空安全的重要性，以及当出现扰乱或威胁飞行安全行为时的处置方法，突出了新时代航空安全的特点。

第九章讲述野外求生，介绍了飞机场外迫降后，在救援人员没有赶到时如何进行自救。

这九章内容层层递进，结构完整，脉络清晰，内容充实丰富，深浅相宜，适合作为教材或者参考用书。在使用本书过程中，既可以把全部章节作为必修内容，也可以根据实际需求将部分章节作为扩展学习之用。

由于作者水平有限，书中难免有不足之处，恳请各位专家、老师和同学批评、指正。

编　者

目　　录

第一章　民航安全管理体系 1

第一节　国际民用航空组织 2
一、成立背景 2
二、愿景与使命 3
三、组织结构 3
四、主要活动 4

第二节　安全管理体系的相关概念 6
一、安全 6
二、事故与事故征候 7
三、危险 8
四、风险管理 9

第三节　民用航空引入安全管理体系的背景 10
一、民航安全的历史发展阶段 10
二、安全管理体系产生的原因 11
三、安全管理体系的产生背景 13
四、安全管理体系的发展 14

第四节　中国民航安全管理体系的建设 17
一、我国引入安全管理体系的进程 17
二、我国民航安全管理体系的现状 18

第五节　安全管理体系的介绍 21
一、安全管理体系的定义 21
二、安全管理体系的理论基础 21
三、安全管理体系的四大框架 23
四、安全管理体系的主要特征 24

思考题 25

第二章　机组资源管理 27

第一节　机组资源管理概述 28
一、机组资源管理的产生 28
二、机组资源管理的发展 30
三、机组资源管理的含义 31
四、机组资源管理中的资源 31

第二节　重要模型应用 32
一、墨菲定律 32
二、海恩法则 33
三、冰山理论 34
四、SHELL模型 35
五、HFACS模型 36
六、事故链理论 38

第三节　人为差错 38
一、人为差错的定义 38
二、人为差错的类型 38
三、人为差错的模式 38
四、差错管理 39

第四节　沟通与协作 40
一、沟通交流 40
二、团队协作 41

思考题 42

第三章　飞行安全概述 43

第一节　飞行安全 44
一、飞行安全的含义 44
二、飞行安全的重要性 44
三、影响飞行安全的风险因素 44
四、我国民航飞行安全的现状 45

第二节　环境因素 46
一、气象环境 46
二、地理环境 51

第三节　人为因素 54
一、飞行机组 54
二、维修人员 58

三、空管人员		60
第四节	机场管理因素	61
一、鸟击		61
二、跑道环境		63
思考题		64

第四章　客舱安全概述......65

第一节	客舱安全管理	66
	一、飞行证件与装具	66
	二、执勤时间要求	66
	三、飞行时间限制	66
	四、药物及酒精类饮料的规定	67
	五、健康管理	67
	六、机组食品的规定	68
第二节	客舱的安全职责	68
	一、机长的安全职责	68
	二、主任乘务长/乘务长的安全职责	69
	三、区域乘务长的安全职责	70
	四、乘务员的安全职责	70
	五、机上指挥权的接替	71
第三节	客舱的安全程序	71
	一、航前准备与机组协同	71
	二、乘务员登机后的准备工作	72
	三、旅客登机前的准备工作	73
	四、旅客登机	73
	五、舱门关闭	74
	六、起飞前的准备工作	74
	七、飞行阶段	75
	八、到达后	76
	九、机组人员离机	77
第四节	客舱安全规则	77
	一、飞机应急撤离的能力	77
	二、飞机加油	77
	三、飞行关键阶段	78

四、旅客告示 79
　　五、禁烟告示 79
　　六、安全带的使用 79
　　七、出口座位的安排 79
　　八、储藏间的使用 80
　　九、客舱电源跳开关的处置 81
　思考题 81

第五章　旅客安全概述 83

　第一节　旅客安全管理 84
　　一、拒绝运输的权利 84
　　二、旅客应遵守的规则 85
　　三、特别旅客的管理规则 85
　　四、旅客携带武器 87
　　五、对旅客提供含酒精饮料的限制 87
　　六、头等舱区域的限制 88
　　七、机上失窃 88
　第二节　旅客运输规则 88
　　一、一般特殊旅客的运输 88
　　二、残疾旅客的运输 90
　　三、传染病旅客的运输 92
　　四、偷渡者 93
　　五、更换座位 93
　　六、要求冷藏药品 93
　　七、医疗证明 93
　　八、无签证过境 94
　　九、醉酒旅客 94
　　十、被拒绝入境/遣返旅客 94
　　十一、遗失物品 95
　　十二、额外占座 95
　第三节　旅客携带物品乘机的规定 96
　　一、禁止随身携带及托运的物品 96
　　二、禁止随身携带但可托运的物品 97
　　三、液态物品携带的规定 97

　　四、打火机与火柴 ··· 99

　　五、锂电池 ·· 99

　　六、酒精饮料的携带标准 ··· 100

思考题 ·· 100

第六章　客舱应急处置 ··· 103

第一节　应急撤离 ··· 104

　　一、应急撤离的基本原则 ··· 104

　　二、撤离的指挥权 ·· 104

　　三、应急撤离的分类 ··· 105

　　四、异常情况下的撤离 ·· 105

　　五、撤离出口的选定 ··· 105

　　六、撤离时间和撤离方向 ··· 106

　　七、挑选援助者 ··· 107

　　八、防冲撞的姿势 ·· 107

　　九、跳滑梯的姿势 ·· 109

　　十、应急撤离的程序 ··· 109

　　十一、应急撤离的指挥口令 ·· 113

第二节　客舱释压 ··· 113

　　一、客舱压力简介 ·· 113

　　二、客舱释压的类型 ··· 114

　　三、客舱释压时的客舱状态 ·· 114

　　四、客舱释压时人的表现 ··· 115

　　五、客舱释压的处置 ··· 116

第三节　飞机颠簸 ··· 118

　　一、颠簸的分类 ··· 118

　　二、颠簸时客舱的表现 ·· 119

　　三、颠簸的防范 ··· 119

　　四、颠簸的处置 ··· 119

第四节　机上火灾与烟雾 ··· 121

　　一、火灾的危害 ··· 121

　　二、客舱烟雾 ·· 123

　　三、火灾的种类 ··· 123

　　四、机上火灾的隐患 ··· 124

　　　　五、灭火的程序 124

　　　　六、灭火的要点 125

　　　　七、对旅客的保护 126

　　　　八、机上火灾的处置 126

　　第五节　危险品 130

　　　　一、危险品的定义 130

　　　　二、危险品的包装等级 130

　　　　三、危险品的分类 131

　　　　四、危险品的标签 131

　　　　五、危险品的处置 135

　　思考题 136

第七章　航空安全保卫 139

　　第一节　航空安全保卫概述 140

　　　　一、引入案例 140

　　　　二、航空安全保卫的概念 142

　　　　三、航空安全保卫的法律法规 143

　　　　四、航空安保管理体系 145

　　第二节　中国民航空防安全 146

　　　　一、我国民航空防安全的历史发展 146

　　　　二、空防安全的管理机构 147

　　　　三、空防安全的目的与宗旨 148

　　　　四、空防安全的工作内容 149

　　　　五、空防安全的任务 149

　　第三节　机上人员的安全保卫职权 149

　　　　一、机长的职权 149

　　　　二、航空安全员的职权 150

　　　　三、乘务长的职权 151

　　第四节　飞机遇劫 152

　　　　一、劫持民用航空器的四个阶段 152

　　　　二、劫机的分类 154

　　　　三、飞机遇劫的处置原则 155

　　　　四、飞机遇劫的处置工作要点 155

　　　　五、机上人员反劫机处置的操作 156

思考题 157

第八章　非法干扰及扰乱行为 159

第一节　非法干扰 160
　　一、非法干扰的定义 160
　　二、非法干扰行为的处置原则 160
　　三、非法干扰行为的处置程序 160
　　四、典型非法干扰行为的处置 161

第二节　扰乱行为 162
　　一、扰乱行为的定义 162
　　二、扰乱行为的分类 163
　　三、扰乱行为的处置原则 164
　　四、常见机上扰乱行为的处置 164

　　思考题 166

第九章　野外求生 167

第一节　野外生存的原则 168
　　一、飞机备降与飞机迫降 168
　　二、飞机迫降地点 168
　　三、野外求生基本原则 170
　　四、影响撤离生存的主要因素 170
　　五、撤离生存的要素 170

第二节　陆地求生 171
　　一、撤离后的组织 171
　　二、建立避难所 171
　　三、水源的选择 172
　　四、食物的选择 173
　　五、野外取火 173
　　六、信号与联络 174
　　七、陆地求生的要点 175

第三节　水上求生 176
　　一、海上生存的特点 176
　　二、水中取暖 176
　　三、水源的选择 176

	四、食物的选择	177
	五、寻找陆地	178
第四节	特殊环境的求生	178
	一、极地/冬季环境	178
	二、沙漠环境	180
	三、森林环境	181
思考题		181

参考文献 **183**

第一章
民航安全管理体系

安全管理体系是国际民航组织倡导的管理安全的系统化方法，它要求组织建立安全政策和安全目标，通过对组织内部组织结构、责任制度、程序等一系列要素进行系统管理，形成以风险管理为核心的体系，并对既定的安全政策和安全目标加以实现。

第一节 国际民用航空组织

国际民用航空组织(International Civil Aviation Organization，ICAO)，是联合国的一个专门机构，总部设在加拿大的蒙特利尔，其徽标如图1-1所示。

图1-1 国际民航组织徽标

一、成立背景

国际民用航空组织的前身是根据1919年《巴黎公约》成立的空中航行国际委员会。第二次世界大战对航空器的技术发展起到了巨大的推动作用，世界上形成了一个包括客货运输在内的航线网络，随之而来，也引起了一系列亟须国际社会协商解决的政治和技术上的问题。

1944年11月1日至12月7日，52个国家受美国政府邀请在美国芝加哥举行国际民用航空会议，签订了《国际民用航空公约》(习称《芝加哥公约》)，并成立了过渡性的临时国际民用航空组织(Provisional International Civil Aviation Organization，PICAO)。《芝加哥公约》的签字仪式如图1-2所示。

图1-2 《芝加哥公约》的签字仪式

1947年4月4日，《芝加哥公约》正式生效，国际民用航空组织也正式成立。同年5月6日召开了第一次大会。

1947年5月13日，国际民用航空组织正式成为联合国的一个专门机构，并将1944年12月7日作为国际民用航空组织成立纪念日。

1947年12月31日，空中航行国际委员会终止，并将其资产转移给国际民用航空组织。

二、愿景与使命

- 愿景：实现可持续增长的全球民用航空体系。
- 使命：国际民用航空组织是国际民用航空的全球论坛。通过成员国的合作，制定政策和标准，开展循规审计，进行研究和分析，提供援助和建设航空能力。
- 宗旨：发展国际航行的原则和技术，促进国际航空运输的规划和发展。
- 目的：保证国际民用航空安全、正常、有效和有序地发展。

三、组织结构

国际民用航空组织由国际民用航空组织大会、国际民用航空组织理事会和国际民用航空组织秘书处三级框架组成，如图1-3所示。

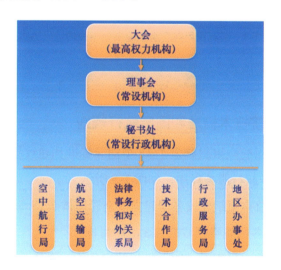

图1-3 国际民用航空组织的组织结构

国际民用航空组织大会是最高权力机构，由全体成员国组成，截至2019年10月1日，共有193个成员国。大会由理事会召集，通常每三年举行一次，若有特别情况时或经五分之一以上成员国向秘书长提出要求，可以召开特别会议。大会决议一般以超过半数通过。

国际民用航空组织理事会是常设机构，每年召开三次会议，每次会议会期约为两个月。

在 2019 年第 40 届国际民用航空组织大会期间，从 193 个成员国中选出了 36 个理事会成员国。理事国分为三类：一类理事国是在航空运输方面占重要地位的国家，有 11 个；二类理事国是对提供国际民用空中航行设施做出重大贡献的国家，有 12 个；三类理事国是保证地域代表性的国家，有 13 个。中国从 1974 年恢复参加国际民用航空组织活动以来，连续 10 次当选为二类理事国，并于 2004 年竞选成为一类理事国。2019 年是中国自 2004 年以来第六次连任一类理事国。

国际民用航空组织秘书处是常设行政机构，下设空中航行局、航空运输局、法律事务和对外关系局、技术合作局和行政服务局。此外，秘书处还设有 7 个地区办事处 (见图 1-4)，直接由秘书长领导，主要任务是帮助成员国实行国际民用航空组织制定的国际标准和建设措施以及地区规划。

图 1-4　国际民用航空组织秘书处下设的地区办事处

四、主要活动

（一）统一国际民航技术标准和国际航行规则

1984 年底，国际民用航空组织制定了 18 个国际标准和建议措施文件作为《国际民用航空公约》的附件和若干航行服务程序，如图 1-5 所示。

2001 年，国际民用航空组织建议各国建立安全管理体系 (Safety Management System，SMS)，将航空安全作为各国航空领域的首要战略目标。

2006 年，国际民用航空组织对《国际民用航空公约》附件 6、附件 11 和附件 14 中的相关条款进行了修订，向各国提出了实施安全管理体系的要求，被理事会采纳并于当年生效。同年，为了推动各国安全管理体系的建设，国际民用航空组织发布了《安全管理手册》第一版。

2008 年，国际民用航空组织再次对《国际民用航空公约》附件 1、附件 6、附件 8、附件 11、附件 13 和附件 14 进行了修订，对各国实施安全管理体系和国家安全方案 (SSP)

提出了更为具体的框架要求。2009 年，为了进一步推进各国安全管理体系和国家安全方案建设，国际民用航空组织对《安全管理手册》进行了修订，发布了第二版。

附件 1	人员执照的颁发
附件 2	空中规则
附件 3	国际空中航行气象服务
附件 4	航图
附件 5	空中和地面运行中所使用的计量单位
附件 6	航空器的运行
附件 7	航空器国籍和登记标志
附件 8	航空器适航性
附件 9	简化手续
附件 10	航空电信
附件 11	空中交通服务
附件 12	搜寻与援救
附件 13	航空器事故和事故征候调查
附件 14	机场
附件 15	航空情报服务
附件 16	环境保护
附件 17	保安：保护国际民用航空免遭非法干扰行为
附件 18	危险品的安全航空运输

图 1-5　《国际民用航空公约》18 个附件的名称

随着安全管理体系以及国家安全方案等安全理念的引入，国际民航界提出将各个附件中有关安全管理的条款整合完善后，形成一个新的附件的要求。2013 年 2 月 25 日，国际民用航空组织理事会通过了第一版的"附件 19——安全管理"，并于 2013 年 11 月 14 日起适用。

（二）协调各国国际航空运输的方针政策，推动多边航空协定的制定

国际民用航空组织通过促进国际航空的合作，简化联运手续，汇编各种民航业务统计，制定航路导航设施和机场设施服务收费的原则，编印关于国际航空运输发展情况、运价、航空邮运、货运、联营、旅游等方面的研究文献。

（三）研究与国际航空运输有关的国际航空公法和影响国际民航的私法中的问题

国际民用航空组织制定了包括航空客货赔偿、防止危及航空器安全的非法行为、对地（水）面上第三者造成损害的赔偿、承认航空器所有权等若干公约或议定书。

（四）技术合作

国际民用航空组织利用联合国发展规划署的技术援助资金向发展中国家提供民航技术

援助，如派遣专家、顾问、教员，提供助学金和设备等。

（五）修订法规

国际民用航空组织修订现行国际民航法规条款并制定新的法律文书。

（六）规范航行

制定并更新关于航行的国际技术标准和建议措施是国际民用航空组织主要的工作。《国际民用航空公约》附件中有 17 个是涉及航行技术的。战略工作计划要求保持这些标准和建议措施的适用性。

规划各地区的国际航路网络、授权有关国家对国际航行提供助航设施和空中交通与气象服务、对各国在其本国领土之内的航行设施和服务提出建议，是国际民航组织"地区规划 (Regional Air Navigation Planning)"的职责，由 7 个地区办事处负责运作。由于各国越来越追求自己在国际航行中的利益，冲突和纠纷日益增多，致使国际民用航空组织的统一航行规划难以得到完全实施。战略工作计划要求加强地区规划机制的有效性，更好地协调各国的不同要求。

（七）安全监察

全球民航重大事故率平均为 1.44 架次 / 百万架次，随着航空运输量的增长，若比率不降，则事故的绝对次数将上升到不可接受的程度。国际民用航空组织从 20 世纪 90 年代初开始实施安全监察规划，对航空当局安全规章的完善程度以及航空公司的运行安全水平进行评估。这一规划已在第 32 届大会上发展成为强制性的 "航空安全审计计划 (Safety Audit Program)"，要求所有成员国必须接受国际民用航空组织的安全评估。

（八）制止非法干扰

国际民用航空组织重点敦促各成员国按照《国际民用航空公约》附件 17 的标准和建议措施加强机场的安全保卫工作，同时大力开展国际民用航空组织的安全保卫培训规划。

第二节　安全管理体系的相关概念

一、安全

安全，是民航的永恒主题。1957 年 10 月 5 日，周恩来总理在民航局《关于中缅通航一周年的总结报告》中作出了"保证安全第一，改善服务工作，争取飞行正常"的工作批示，如图1-6所示。这份批示高度概括了民航工作的主要内容，深刻阐明了民航工作的基本要求，闪耀着思想与智慧的光芒。在六十多年后的今天，依然是指导我国民航工作的总方针。

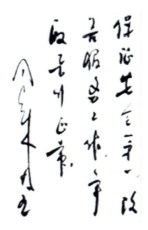

图1-6　周恩来总理的批示

什么是安全？大众通常理解为安全即是零事故，没有危险存在，避免差错，遵章守法。这些认知的共同点就是要绝对控制危险发生的可能性。或者通过设计或干预手段，将所有导致有害或破坏性后果的因素都控制起来。

然而，我们工作和生活在开放且动态运行的环境中，不可能完全控制它，所以彻底消除不安全因素是不可能的，实现绝对安全只是一种理想状态。随着时代的变迁、人们认知的改变，对安全的理解也有了新的转变。安全被逐渐认为是一种对组织程序管理的成果，其目的是将运行环境中危险源后果的安全风险处于组织的控制之中。

国际民用航空组织《安全管理手册》中对安全的定义是："安全是一种状态，即通过持续的危险识别和风险管理过程，将人员伤害或财产损失的风险降低至并保持在可接受的水平或以下。"我们可以理解为，安全不是一个静止的概念，而是一种持续的状态，贯穿于民航工作的始终，安全也不是一个绝对的概念，而是相对的，是对风险的控制和对事故的预防。

思考一下，无事故是否等于安全呢？事故率低是否等于安全呢？答案是不等于。无隐患或者风险很小是否等于安全呢？有隐患但是控制得好是否等于安全呢？答案是等于。这充分说明了安全是对风险的控制和事故的预防。

二、事故与事故征候

《辞海》（第七版）中"事故"被定义为：意外的变故或灾祸。

海因里希(Herbert William Heinrich)认为，事故是非计划的、失去控制的事件。

一般认为，事故是人在为实现某一意图而进行的活动过程中，突然发生的、违反人的意志的、迫使行动暂时或永久停止的事件。

安全界认为，事故是指在生产活动过程中发生的一个或一系列非计划的、可导致人员伤亡、设备损坏、财产损失以及环境危害的事件。

民航业通常将事故分为运输航空飞行事故、通用航空飞行事故、民用航空地面事故和民用航空器事故征候。

飞行事故(aircraft accident)等级根据人员伤亡情况以及航空器损坏程度，分为特别重大飞行事故、重大飞行事故和一般飞行事故三类。

民用航空地面事故(ground accidents of civil aviation)是指在机场活动区和机库内发生航空器、车辆、设备、设施损坏，造成直接经济损失人民币30万元(含)以上或致人重伤、死亡，可分为特别重大航空地面事故、重大航空地面事故、一般航空地面事故三个等级。

民用航空器事故征候(civil aircraft incident)是指在航空器运行阶段或在机场活动区内发生的与航空器有关的，不构成事故但影响或可能影响安全的事件，分为运输航空严重事故征候、运输航空一般事故征候、运输航空地面事故征候和通用航空事故征候。

民航行业安全事件标准由低至高一般分为：一般安全事件、等级安全事件、一般事故征候、严重事故征候、一般事故、较大事故、重大事故、特别重大事故。一般安全事件和等级安全事件一般为企业自行调查处理，并开展风险管理等相关工作；一般事故征候至重大事故由民航行业主管单位(各级民航局)进行调查；特别重大事故由国务院或者国务院授权有关部门组织事故调查组进行调查。

三、危险

危险是指可能引起人员伤害、设备或建筑损坏、财产损失或履行规定职责的能力降低的条件或物体。危险是客观存在的条件或物体。

危险本身并不一定会对系统造成损失，或是系统的负面构成要素。只有当危险与系统运行相互作用时，其破坏潜力才有可能成为一个安全顾虑，即所谓的危险源。危险源是一种状态，是指有可能导致人员受到伤害、疫病或死亡，或者系统、设备或财产遭破坏或受损，或者环境受到破坏的任何现有的或者潜在的状况。

危险识别是收集、记录、根据运行中的危险和安全风险采取行动和生成有关其信息反馈正式过程的第一步。危险一经识别，便应对危险潜在后果的安全风险进行评估。

四、风险管理

风险是指某一特定危险情况发生的可能性和后果严重性的组合,通俗地说,就是发生不幸事件的概率。分为可接受风险、可容忍风险和不可接受风险三个等级。

风险评价标准:风险程度 $R=$ 严重度 L(后果) $\times$ 概率 P(可能性)

风险管理可以被定义为控制和减少风险和接受剩余风险的管理决策的制定过程。包括危险识别、风险评估、风险控制三部分。

【扩展阅读】

时刻牢记"安全是民航业的生命线"

2020年10月16日,深航一航班出现了跑道外接地的不安全事件,涉事航班机长未经许可,前往运行中的跑道检查,并在落地后近1小时才向塔台报告情况。这种行为已经严重违反了民航安全规定。可以说,这个行为本身就是严重违规,性质恶劣。

在民航领域,飞行员对规章制度的敬畏,就是对生命的敬畏。民航规章制度,是前人通过无数空难事故总结出的血泪教训。能够在飞机着陆后做出如此举动,理当追问涉事机长及飞行机组此次攀枝花机场的降落操作有没有严格遵从规章制度,在降落条件不达标时,有没有及时选择复飞、返航或备降。

这一事件之所以引发关注,还在于相关信息公开得不及时。无论是业内还是业外,"民航安全无小事"是总被挂在嘴边的一句话,但这句话不能被当成空泛的口号。梳理航空公司的表现就可以发现,深航对这一事件的回应并没有体现出对生命的敬畏。民航运输,由于具有很高的专业性,与公众之间存在很深的信息壁垒,这也意味着绝大部分公众无法对民航安全起到监督作用。反过来,航空公司也就容易利用这一信息不对等的情况,让公众无法正确认识到一些不安全事件的实际后果,这显然不利于民航运输业的健康有序发展。

2020年10月18日,民航西南管理局就已发布了深航攀枝花不安全事件的初步调查情况报告;在事件发生当天(10月16日),民航局就下发了航空安全通告。然而,深航在10月16日通过社交平台的回应,并没有对公众坦诚告知实际情况,直到媒体报道披露后,才于10月20日承认发生不安全事件。此外,促成这一事件向公众公开的相关媒体报道页面,目前已无法浏览,这很能说明问题。

习近平总书记在会见四川航空"中国民航英雄机组"全体成员时强调,安全是民航业的生命线,任何时候、任何环节都不能麻痹大意。民航主管部门和有关地方、企业要牢固树立以人民为中心的思想,正确处理安全与发展、安全与效益的关系,始终把安全作为头等大事来抓。

2020年是中国民航安全飞行10周年。这一数据表明,在2010年伊春空难后,中国民航再未发生过任何空难。但问题在于，我们不能仅仅以不发生空难作为安全飞行的底线。其中，航空公司作为重要参与者，对民航安全举足轻重。期待通过民航相关部门对深航攀枝花不安全事件的调查，强化所有航空公司和全体民航人对生命的敬畏。

（资料来源：《光明日报》，2020 年 10 月 23 日，作者：陈城）

第三节　民用航空引入安全管理体系的背景

一、民航安全的历史发展阶段

民航安全是伴随着民用航空运输的产生而来的，随着人们对事故原因以及影响安全的因素的认知不断更新，民航安全先后经历了技术因素、人为因素和组织因素三个发展阶段，如图 1-7 所示。

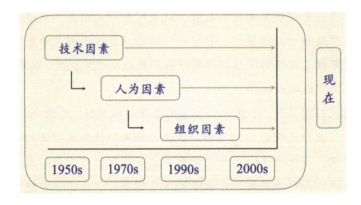

图 1-7　民航安全的历史发展阶段

商业航空早期阶段监管松散，航空系统非常脆弱，特征表现为技术水平低下、基础设施缺乏、监管有限、对航空运行中潜在的危险源认识不足、生产需求与现有资源不成比例，因此航空事故频频发生。早期航空安全的预防主要手段是对事故进行调查，对安全的理解也是从事故调查中获得。传统方法的思想是：发生了什么？谁导致的？什么时候发生的？并不包括为什么发生和怎么发生的。当时的安全管理注重后果，安全管理扩展为遵守规章，人们普遍认为遵守规章就能保证安全，反之违反规章必然导致事故。不可否认，遵守规章是很重要，但将其作为安全支柱有一定的局限性。航空运行是动态且开放的环境，不可能提前将所有运行中的情况都进行规范和指导。

20 世纪 50 年代，技术的进步和相关基础设施的发展，使商业航空成为规模性运输行业，事故率平稳降低。但是航空运行技术并未得到充分发展，仍然薄弱，技术故障是安全事故的主要因素。因此这个阶段安全管理的重点集中在事故调查和技术改进上。

20世纪70年代，航空科技水平提高，机械设备性能不断完善。随着喷气式发动机、空中和地面雷达、自动驾驶仪、飞行控制仪的采用，机械设备的可靠性能远大于人员操作的可靠性，此阶段"人"成为导致安全事故的主要原因，对安全的关注点转移到人的执行能力和人为因素上，由此开启了人为因素的时代篇章。调查发现，当时80%以上的事故是人为因素造成的，由此开展了大量的人为因素研究，随之而来的机组资源管理、培训管理、航线飞行训练、以人为中心的自动化和其他关于人为因素的干预措施，将人置于控制之中。

至20世纪90年代中期，尽管投入大量资源减少了人为差错，但人为因素还是不断成为导致事故的主要原因。究其原因在于当时的安全思想很大程度上仅仅关注个人，而很少关注个人在完成任务时所处的环境。人们终于认识到，个人不是在真空环境里，而是在一个限定的环境中。无论这个限定的运行环境是阻碍还是推动，它对个人的影响都是巨大的。这种认识标志着"组织时代"的到来。直到这个阶段，安全思想才扩展到系统化观点，包括技术因素、人为因素和组织因素。也是在此时，"组织事故"这一概念才被航空业接受。

二、安全管理体系产生的原因

美国波音公司采用国际民用航空组织(ICAO)和商业航空安全委员会(CAST)分类标准，对1959年至2010年间，最大起飞重量6万磅(约27.2吨)以上国际商用飞机的飞行事故进行统计并公布了统计分析报告，如图1-8所示。

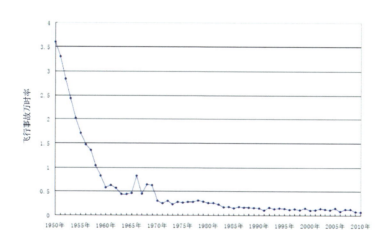

图 1-8 飞机飞行事故百万架次率

1959年至2010年，全球商用飞机的飞行事故百万架次率总体呈下降趋势，前期下降较明显，后期下降缓慢。1959年至1970年间下降较快，1971年至2000年间飞行事故百万架次率缓慢下降，之后基本处于稳定状态。那么保持现有的事故率可行吗？

以我国为例，1994年至2003年间，我国飞行事故百万架次率为0.6～0.7，即每几百万飞行小时发生一次重大事故，事故率已经降得很低了。但是2004年我国民航运输总周转量的增量相当于1996年至2000年5年的增量和，如图1-9所示。

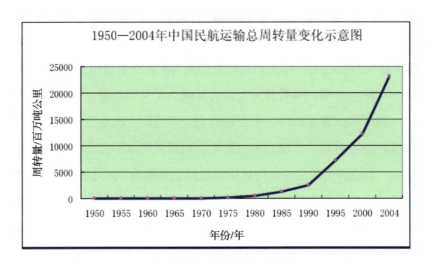

图1-9　1950—2004年我国民航运输总周转量变化示意图

这意味着即使事故率保持在极低的水平且处于稳定状态，但随着机队规模的扩大和交通运输量的增长，会导致事故数增加，如图1-10所示。民航专家T.S.PERRY曾作出预测分析：未来几年空中交通量可望急剧增长。因此，即使航空事故率保持现有的低水平，到2015年，每7到10天就可能出现一次大型飞机坠毁事件，如图1-11所示。

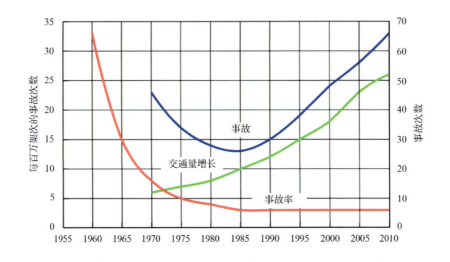

图1-10　事故率、事故次数与交通量增长分析图

图 1-11 波音公司对全球航空器失事的预测分析

可见,保持现有的事故率是不可以接受的安全现状。但如果继续沿用现有的安全管理方法,事故率只会像现在一样稳定,降低事故率变得越来越困难,大幅度降低更是不可能实现。国际民用航空组织通过探索事故率平稳的根本原因,重新审视传统安全管理模式和方法,推出了新的管理方法——SMS,即安全管理体系(Safety Management System)。

三、安全管理体系的产生背景

安全管理体系起源于加拿大运输部。20 世纪 90 年代后期,加拿大运输部借鉴澳大利亚民航局的经验和资料,与英国曼彻斯特大学詹姆斯·瑞森(James Reason)教授研究并发展形成了加拿大 SMS 方案。SMS 是一种系统的、清晰的、全面的程序,它将运行和技术系统、财务、人力资源管理相结合,是航空运营人与认可的维修组织的证书相关的涉及所有活动的安全风险管理。该方案得到了国际民用航空组织(ICAO)和国际飞行员协会(ALPA)的支持。

为了维护和改进航空系统的运行安全,国际飞行员协会(ALPA)一直积极敦促各航空公司、加拿大运输部、美国联邦航空局(FAA)等机构采用这种集航空安全和经济效益于一体的新方法,即 SMS。

加拿大运输部开发的 SMS 强调安全管理的职责以及提高安全水平以提高经济效益。对于加拿大航空公司而言,SMS 是由运营人、员工、管理当局三方组成的,像一个三角形一样,如图 1-12 所示。三边共同存在并且妥善衔接,三角形才是稳定且不易变形的,如果只有两边或者三边衔接不妥，三角形就不是稳定的，这就构成了 SMS 的基本框架。1998 年，加拿大运输部宣布，在航空组织中实施 SMS，并以修改航空法的形式强制要求大型航空运营人和维修组织建立 SMS。从开始推行至 2008 年，加拿大一直是全球航空安全记录最好的国家。

图 1-12　SMS 的基本框架

美国安全管理的新理念与加拿大基本同步。1995 年，美国联邦航空局 (FAA) 局长应美国政府要求开始着手对 FAA 进行改革。1996 年 1 月提出了 Acquisition Management System(AMS，采集管理系统)。同年 5 月，发生了 VALUEJET 航空公司坠机事件，造成 109 人死亡，这使得 FAA 开始重新审视传统的安全管理体系。FAA 发现传统的安全管理体系只重视企业的规章符合性，各种事故和事故征候依然时有发生，所以应补充其他管理活动，以实现主动寻找那些应该被消除或者可避免的危险。于是经过大量的听证和研究，FAA 启动了"系统安全"思想理念，形成了 System Safety Management Program(SSMP，系统安全管理程序)。经历了 10 次修订，2014 年 10 月，FAA 编写了 SMS 手册，并将其纳入 SSMP 中，提出了"系统安全方法的有效使用"和"构建安全管理系统"，认为 SMS 是安全目标管理、安全监督审计和检查纠错的指南。

四、安全管理体系的发展

2001 年，国际民用航空组织在《国际民用航空公约》附件 11 中隐约地加入了对成员国在所有空中交通服务单位建立 SMS 的要求。同年，对附件 14 中相关条款做了重要修改。

2006 年，国际民用航空组织通过了《国际民用航空公约》附件 6 的第 30 次修订，新增条款"3.2 安全管理"，加入了对安全管理要求的规定和可以接受的安全水平的说明材料，明确提出："2009 年 1 月 1 日起，作为其安全方案的一部分，各国必须要求经营人执行其所属国接受的安全管理体系。"同时将附件11、附件14中关于安全管理体系的要求也一并统一成了附件6中的描述,并提出了明确的实施时间表要求。

同年,为了推动各国的SMS建设,国际民用航空组织发布了《安全管理手册》(Doc9859)第一版,系统地介绍了民航安全管理的基本理念与方法,重点强调了SMS的各个要素以及航空公司、空管、机场、维系单位建设SMS的方法。这一版的《安全管理手册》侧重理论内容。

2009年,国际民用航空组织对第一版《安全管理手册》进行了修订,发布了第二版。包括对SMS的框架要求、危险源识别与分析、安全风险评价、SMS的实施计划以及分阶段实施方法、SMS的运营内容等;还包括对SSP(国家安全方案)的框架要求,SSP的制定和实施、SSP与SMS的关系以及在推动SMS实施中的作用等内容。

与第一版《安全管理手册》不同,第二版侧重指导实践,在对航空安全管理理论深入介绍的同时,用了大量的篇幅对SMS的整体计划和实施,以及各模块的实践方法进行了详细介绍,对民航各单位开展SMS培训和建设工作起到了重要指导作用,对我国民航SMS和SSP建设及实施同样具有重要作用。

2012年发布了第三版《安全管理手册》。

2018年发布的第四版,是现行有效的《安全管理手册》。

【扩展阅读】

评论员文章:"双零"纪录启示多 民航发展底气足

2020年是极不平凡的一年。面对新冠肺炎疫情冲击等国内国际各种风险挑战,中国民航以实现安全飞行"120+4"个月、8943万小时,安全运送旅客46.2亿人次,并连续18年保证空防安全的安全飞行纪录,保证了行业安全运行平稳可控,为中国民航实现从航空运输大国向单一航空运输强国"转段进阶"提供了最坚实支撑。尤值一提的是,在创造并继续保持新安全纪录的同时,中国民航同时也在创造并继续保持着另一项重要历史纪录:运输航空亿客公里死亡人数十年滚动值从2010年的0.0091降低到0,百万小时重大事故率十年滚动值从2010年的0.097降低到0——"双零"目标的实现让过去的"十三五"乃至过去十年成为中国民航安全纪录的最好时期,"双零"也成为中国民航发展最大的底气!

"看似寻常最奇崛,成如容易却艰辛。""双零"的背后,是中国民航坚决贯彻落实习近平总书记对民航安全工作的系列重要指示批示精神,始终坚守航空安全底线,"一个航班一个航班地盯、一个环节一个环节地抓"的坚定步伐,是中国民航以最强担当压实安全责任、以最高标准防范安全风险、以最严要求实施安全监管、以最实措施确保平稳可控的不断努力。十年来，尤其是"十三五"时期，中国民航用实际行动向世界证明：安全不是说出来、喊出来的，而是实实在在，以钉钉子的精神一点一滴做出来的！

"双零"是一个表征，显现了中国民航不断增强"四个意识"、坚定"四个自信"、做到"两个维护"的政治站位，以及始终坚持新发展理念、坚持"两个至上"、正确处理安全与发展关系的实践导向。民航安全事关国家战略，事关广大人民群众生命财产安全，政治敏锐性极强。多年来，中国民航始终将安全工作作为头等大事来抓，从总体国家安全和战略安全的层面认识和谋划安全工作，坚持"安全是发展的前提，发展是安全的保障"，民航安全工作的政治属性更加凸显，对安全工作规律的把握愈加清晰，安全运行品质显著提升。

"双零"是一份答卷，展示了中国民航在新时代背景下，在党中央、国务院的正确领导下，于沧海横流中战胜一个个挑战，打赢一场场硬仗，为国家安全、社会公共安全、人民生命财产安全筑起一道坚不可摧的铁壁铜墙。完美答卷的取得，得益于民航全体干部职工团结一致、攻坚克难的辛勤努力，得益于砥砺奋进、锐意进取的时代背景，得益于中国民航整体实力的不断提升、民族航空工业的不断进步。中国民航用这一坚持和完善中国特色社会主义制度和国家治理体系的丰富实践成果，使民航业带给人民群众的安全感、获得感和幸福感不断增强。

"双零"是一个昭示，彰显了中国民航对全球民航做出的突出贡献，向世界展现着中国智慧、中国力量和中国自信。中国民航一方面本着实事求是的态度，主动学习和借鉴西方民航强国的规章体系和先进经验，立足中国民航实际，大力建设适合中国国情的规章体系和管理制度。另一方面，充分发挥中国的政治优势、组织优势、制度优势，大力建设具有中国特色的安全治理体系，包括思想引导、观念引领、共识凝聚、齐抓共管、人员动员、组织发动，包括作风建设、责任建设、文化建设，更包括将旗帜鲜明讲政治贯彻安全工作的全过程，把坚持党的全面领导的政治优势高效转化为安全治理优势，从而走出了一条具有中国特色的民航安全治理之路。这也是中国民航坚定"四个自信"的具体实践。

"双零"是一个启示，提醒着中国民航必须时刻保持清醒头脑，保持强烈的忧患意识和底线思维，一切从零出发，在新的历史时期不断创造新的更长安全飞行纪录。如今，安全发展已经进入新阶段，开启新征程，但行业安全发展仍然存在诸多短板和弱项，比如保障民航安全运行的关键设备和核心技术尚存"卡脖子"风险，中小机场安全保障能力仍有不足，安全监管效能仍需进一步提升，应急救援基础条件仍不扎实等，不安全事件仍时有发生。全行业必须保持归零心态，摒弃骄傲自满、麻痹松懈的思想，始终以如临深渊、如履薄冰的精神状态持续抓好民航安全工作，"提站位、压责任、抓执行、严管理、强三基"，持续深入开展以"三个敬畏"为核心的作风建设，切实提升智慧安全治理水平，继续完善安全法治体系，加大安全文化建设力度，全力推动民航高质量安全发展。

"锐始者必图其终，成功者先计于始"。站在新的历史起点上，需要每一个民航人以"双零"为激励、为警示，重整行装再出发，撸起袖子加油干，始终将安全作为民航贯彻新发展理念、构建新发展格局的重要前提和坚实基础，坚决守住安全底线，坚定守牢民航生命线，以更高目标、更高质量开启民航安全发展新征程，为建设多领域民航强国、建设社会主义现代化国家铸就更加坚实的安全基础！

（资料来源：中国民航网，2021年03月02日，评论员：吴丹）

第四节　中国民航安全管理体系的建设

一、我国引入安全管理体系的进程

改革开放以来，我国民航业迅猛发展，在国家经济建设中发挥着重要的作用。中国民航坚持"安全第一、预防为主、综合治理"的方针政策，不断更新安全理念，加强安全建设，强化安全责任，加大安全投入，使得我国民航运输量节节增长，安全水平不断提升。

20世纪90年代，我国民航业已经形成了具有完善的运行规章、政府监管和企业运行规范的运行体系。但是，随着我国民航业的快速发展，运行中涌现出许多新的情况，不断完善的规章管理方式遇到了难以逾越的障碍。因为无论法规体系如何健全，依旧无法涵盖民航安全的各个方面，造成的安全问题或安全隐患制约着我国民航发展的脚步。此时西方主要大型航空公司已经普遍采用了SMS（安全管理体系），并取得了一定的成功经验。在这种背景下，同时为了满足国际民用航空组织对成员国的要求，我国把推行SMS建设提上日程。

2005年3月，加拿大民航局局长到中国民航局访问，介绍了加拿大开展SMS的情况，中国民航局局长与会时提出希望加拿大民航局帮助中国民航建立SMS，由此拉开了中国民航开展SMS研究的序幕。

2006年，中国民航局在"'十一五'民航安全规划"中提出建立适合中国国情并符合国际民用航空组织要求的中国民航SMS，将其列入"规划实施的重大项目"中的第一项。计划从2008年开始用三年时间在民航实施SMS的建设工作。

2007年3月，中国民航局颁发了"关于中国民航实施安全管理体系建设的通知"，在全行业进行SMS相关知识培训。同年11月，中国民航局飞行标准司根据SMS的要求，对《大型飞机公共航空运输承运人运行合格审定规则》（CCAR-121部）做相应修订，增加要求航空运营人建立SMS、设立安全总监等条款。

2008年是SMS"全面实施年",要求航空公司重点抓好安全质量管理系统、主动报告机制、飞行数据译码分析系统和风险评估系统的建设。

2010年之后,国内各航空公司、机场、空管单位和维修单位等陆续建立了SMS,并通过了审定。

二、我国民航安全管理体系的现状

我国民航运输业的高速发展使民航安全管理的水平得到提高,民航运输飞行事故率呈现出不断下降的趋势。截至2020年6月底,我国运输飞行每百万飞行小时重大事故率5年滚动平均值为0,好于安全目标,世界同期重大事故率5年滚动平均值为0.088;生产经营性通用航空每万飞行小时死亡事故率为0.052,好于安全目标;未发生非法干扰造成的航空器重大事故;未发生重大航空地面事故。截至2020年9月底,全国运输航空持续安全飞行10年零1个月、8669万小时,并连续18年确保了空防安全。

"十三五"期间,我国民航坚持"控总量、调结构"的战略定力,行业发展稳中有进,围绕处理好安全与发展、效益、正常、服务四个关系,建立安全管理长效机制;深化"三个敬畏"宣传教育,狠抓"三基"建设,不断提升民航安全管理的制度化、规范化、系统化水平;健全民航安全生产信用体系,落实风险管控隐患治理双重预防机制,推进数据驱动的风险预警和重点监管,持续开展安全管理体系建设。

但是,伴随着航空运输业的快速发展,我国民航安全管理的压力也逐渐加大。当前的民航安全管理体系不能够很好地满足民航运输的发展速度和要求,存在的问题如下。

(1) 安全管理结构不平衡。

我国各个地区的经济发展状况存在较大差异,民航安全管理结构不平衡。虽然大型机场都能够对飞行时的空中安全进行有效的监管,但是一些规模较小的机场安全管理能力较弱,存在安全隐患,无法对飞行安全进行及时有效的监控和管理。我国北方和南方的民航空管也存在不平衡的现象,这对我国民航领域的发展带来了一定的阻碍。

(2) 安全管理体制不完善。

我国民航安全管理体制还需要加强和提高。监管力度和资源存在不足,在处理民航安全管理事项上还存在一定的滞后性。在相关法律法规的制定过程中,我国的法规和技术标准等与国际标准还存在一定的差距。

(3) 安全管理技术需加强创新。

我国民航安全管理技术在整体科学研究和科技创新上力度不足,不能为高速发展的民航事业提供有力的科学技术支持和保障。有些科研成果没有很好地得到推广应用，对我国民航安全管理的发展起到了制约作用，难以利用高科技方法和手段实现有效的监控和预测。

(4) 安全管理信息共享不足。

我国民航安全管理还存在信息资源共享率较低的问题，即我国每个区域民航体系中的自动化高效实施程度各不相同。在航空信息的集成与信息共享等方面无法真正地做到互联互通。这容易导致各项信息资源无法被充分利用，在严重的情况下还会使一些飞行任务遭遇冲突，进而酿成飞行事故等。

【扩展阅读】

航空安全托起民航强国梦

回眸"十三五"，民航安全工作取得了突出成绩，各项安全指标好于预期，为我国从航空运输大国向航空运输强国跨越筑牢了安全之基。截至今年6月底，运输航空每百万飞行小时重大事故率5年滚动平均值为0，低于预期0.15的安全目标及世界同期水平；生产经营性通用航空每万飞行小时死亡事故率为0.052，好于0.09的安全目标；未发生非法干扰造成的航空器重大事故和重大航空地面事故。

民航安全态势总体平稳、安全水平稳居全球领先地位的背后，是中国民航坚决贯彻落实习近平总书记对民航安全工作的系列重要指示批示精神，始终坚持稳中求进的总基调、坚守民航安全底线的坚定步伐，是中国民航以最强担当压实安全责任、以最高标准防范安全风险、以最严要求实施安全监管、以最实措施确保平稳可控的孜孜不倦努力。

2016年，民航局党组明确"一二三三四"新时期民航总体工作思路。民航局党组书记、局长冯正霖强调，"飞行安全关系到人民群众的生命财产安全、关系到民航持续发展，是民航的头等大事"，民航安全发展共识进一步凝聚。

坚守飞行安全底线，就是要确保围绕飞行活动而开展的一切安全工作万无一失。近年来，我国民航快速发展，民航运输飞行年均增长11%，民航改革持续深化带来了新情况，国际形势不断变化带来了新挑战，特别是今年新冠肺炎疫情突如其来，更是带来了民航统筹做好疫情防控和安全发展的全新课题。

坚守飞行安全底线，必须以最强担当压实安全责任。5年来，民航坚持抓责任落实一以贯之，牢牢把握住安全生产的关键。全行业坚决落实"管行业必须管安全、管业务必须管安全、管生产必须管安全"的工作要求，"一岗双责"的责任体系不断强化，违法失信责任一追到底。目前，按照《中国民航航空安全方案》，行业内系统安全管理机制建设成果丰硕，安全治理体系建设扎实推进。

5年来，民航严格落实民航安全运行平稳可控的九个方面26项举措，坚持"对安全隐患零容忍"，以"眼睛里不容沙子"的态度开展安全隐患排查治理，隐患整治力度加大，风险防控持续加强，推动"控总量、调结构"在安全领域有效落地，安全治理能力不断提升。本着"对安全隐患零容忍"的原则，中国民航在全球率先停止波音737MAX商业运行，彰显出对生命高度负责的态度和作为民航大国的责任担当，受到广泛称赞。"十三五"期间，中国民航飞行品质监控基站一期项目正式上线投入运行，标志着中国民航在"大数据＋飞行安全"能力建设方面开辟出了新天地——通过深度挖掘和运用海量的飞行品质监控数据，有效实施数据驱动的风险预警和重点监管，助力民航安全风险管控水平再上新台阶。

民航安全治理能力的提升在今年再次凸显。今年，面对统筹疫情防控和民航安全的新挑战，针对疫情期间行业生产运行的特点，民航及时提出了防"忙"中出乱、防"闲"来麻痹、防"慌"中出错，有力确保了行业安全态势总体平稳可控。

"重点监管、精准监管和差异化监管等全新监管方式逐渐常态化。"这是近两年来民航飞行标准监察员王新宇的切身感受。和王新宇一样，很多民航监察员依托FSOP（飞行标准监督管理系统）和SES（民航行业监管执法信息系统）平台，行政执法更加规范精准。近年来，通过不断创新监管模式、手段和方法，盯人盯事的"保姆式"监管向盯组织盯系统的系统性监管转变，更多的监管对象从"他律"向"自律"转变，民航安全监管在法治道路上阔步前行，在创新轨道上持续改进，更加规范化、体系化、制度化的安全监管成为确保航空安全的重要屏障。

2018年5月，一起在风挡玻璃爆裂脱落的关键时刻化险为夷的英雄事迹震惊了世界民航。是什么成就了"中国民航英雄机组"这堪称"史诗级的备降"？是班组建设的安全教育、规章制度的令行禁止、千锤百炼的精湛技术、严格训练的平时养成，是全行业常抓不懈的"抓基层、打基础、苦练基本功"建设成果换来了机上旅客的平安落地。5年来，全行业狠抓"三基"建设，大力弘扬和践行当代民航精神、工匠精神，开展"三个敬畏"宣传教育活动和"抓作风、强三基、守底线"安全整顿活动，狠抓作风建设，培育安全文化，"三基"建设成效显著。

今年8月，投运不到一年的北京大兴国际机场"从容淡定"地迎来了入夏的第一次大雾天气。这是因为大兴机场拥有先进的HUD RVR 75米起飞能力、IIIB盲降的运行标准，同时拥有A-SMGCS（高级机场场面活动引导与控制系统），能够满足低能见度条件下航班安全运行。5年来，PBN（基于性能的导航）、HUD（飞机平视指引系统）、GLS（卫星着陆系统）等技术充分应用，毫米波安全门、人脸识别自助验证闸机等设备普及使用，国产设施设备的投入和应用力度加大，人员资质能力建设、专业人才培养、科研工作取得扎实进展，都为民航取得突出安全成绩提供了重要基础支撑。

安全责任，重于泰山。安全底线，发展之基。站在新时代民航事业发展的新起点上，中国民航将坚决贯彻落实习近平总书记对民航安全工作的重要指示批示精神，坚持"发展为了人民"理念，坚持安全第一，一个航班一个航班地盯，一个环节一个环节地抓，为筑牢民航强国建设的安全之基不懈奋斗，继续创造新的安全纪录，助力民航强国梦腾飞！

（资料来源：中国民航网，2020年10月16日）

第五节 安全管理体系的介绍

一、安全管理体系的定义

- 国际民用航空组织(ICAO)对安全管理体系的定义是：安全管理体系是有组织的管理安全的方法，包括必要的组织结构、问责办法、政策和程序，形成以风险管理为核心的体系，并对既定的安全政策和安全目标加以实现。
- 中国民用航空局(CAAC)对安全管理体系的定义是：安全管理体系是一个系统的、清晰的、全面的安全风险管理方法，包括目标设定、计划和绩效评估等，最终实现安全运行和符合局方的规章要求。
- 其他定义：安全管理体系是通过对危险进行有效的管理来保证航空运营人健康运行的主动措施。简单来说，安全管理体系由三个部分构成：安全、管理、系统。

二、安全管理体系的理论基础

安全管理体系是运用系统管理的方法来管理安全，注重风险管理，强调对运行安全状态实施闭环控制，着力开展安全文化建设，最终实现安全关口前移，确保持续可靠的安全。

以前，人们普遍接受的观点是绝大部分事故是由人为因素造成的。引入SMS后，随着安全管理系统化，人们发现这种观点不完全准确。"人"只是导致事故发生的最后一个环节，而事故是由多种因素组合产生的。如果只关注导致事故发生环节中的最后一环，通过改变"人"的方法来预防事故是不可能的。只有在关注"人"的同时更多地关注"系统"，真正找到系统的隐患才能预防事故。REASON模型为我们关注"系统"提供了一个有效的方法。

REASON模型是曼彻斯特大学教授James Reason在其著名的心理学专著《人为错误》(*Human error*)一书中提出的概念模型，广泛地应用于医学、核工业、海运、宇航等领域。通过国际民用航空组织的推荐成为航空事故调查与分析的理论模型之一，也被称为航空事故理论模型或瑞士奶酪模型，如图1-13所示。

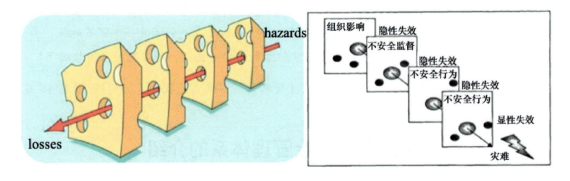

图 1-13　瑞士奶酪模型／航空事故理论模型

图 1-13 中,任何一片奶酪都无法让光线穿透,只有所有奶酪上的孔都在同一直线上,光线才会穿透。REASON 模型的内在逻辑是:事故的发生不仅有一个事件本身的反应链,还同时存在一个被穿透的组织缺陷集,事故促发因素和组织各层次的缺陷(或安全风险)是长期存在的并不断自行演化,但这些事故促发因素和组织缺陷并不一定会造成不安全事件,当多个层次的组织缺陷在一个事故促发因子上同时或次第出现时,不安全事件就失去多层次的阻断屏障而发生了。简单地说,REASON 模型认为:事故通常不是孤立因素导致的,而是系统缺陷共同作用的结果。组织各层次的缺陷不一定必然导致事故,当所有层次的缺陷同时出现时,光线穿透奶酪,系统就会失去多层次的防御保护而发生事故。

航空运行是由多系统、多方面的复杂操作环境组成的。它们的功能和表现包括了各种组成部分的复杂关系。各系统有序地结合、运转,从而达到运行生产的目标。多系统运行一个很大的特点就是过程与结果之间并不一定存在必然的一一对应的关系。航空安全事件往往是以事故链的方式发生的,通过风险控制的方法可以阻止事故链的形成,从而避免事故发生。

举例说明:某日凌晨 2 点 40 分左右,一架 A330 飞机在从上海虹桥国际机场 15 号桥位拖往跑道上进行发动机试车的过程中,飞机在 K4 道口的滑行道上偏离滑行线,导致飞机 5、6、7、8 号主轮进入滑行道边草地之中,构成一起人为原因的严重不安全事件。经分析,事件的直接原因是指挥员和拖车驾驶员失误造成的。假如指挥员正确指挥、驾驶员认真操作,这次事故就不会发生。但用 REASON 模型进一步分析就会发现:那天因为整修跑道,原计划滑行的滑行道入口关闭,改由 K4 道口进入。因机场已关闭,滑行道边灯关闭。由此可见,行进线路的变化、夜间灯光不足等环境因素也是构成事件发生的工作场所条件。同时,驾驶员和指挥员对滑行路线状况不熟、指挥交流方式缺陷等也是造成事件的隐患条件。再进一步分析,在拖行飞机的相关程序、人员资质管理、制度程序落实方面存在不足,而这正是组织系统的缺陷。不难看出，如果我们仅把着眼点放在最后的结果——操作人员身上，那么相类似的事件还会发生。

在安全管理体系中有效地运用REASON模型可以帮助我们发现系统安全隐患，减少不安全事件发生的可能性，避免不安全事件重复发生。通过风险管理可以帮助我们发现系统中的风险，并确定相关的优先等级，进而采取措施消除风险或减缓其后果，真正实现安全关口前移，确保持续可靠的安全。

三、安全管理体系的四大框架

2013年国际民用航空组织发布的《国际民用航空公约》附件19《安全管理》进一步明确：各国要制定和实施国家安全方案(SSP)，以便民用航空安全绩效达到可接受水平。根据国际民用航空组织《安全管理手册》(第三版)中的介绍和规定，安全管理体系包括安全政策和目标、安全风险管理、安全保证及安全促进四大框架，也称为安全管理体系的四大支柱，如图1-14所示。

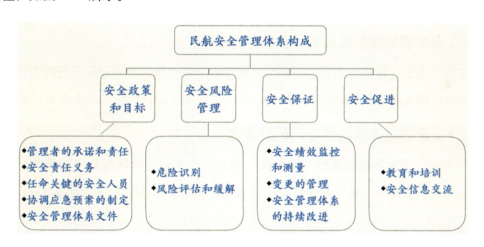

图 1-14　民航安全管理体系的构成

（一）安全政策和目标

安全政策和目标用于阐述国家如何对其航空活动进行安全监管，包括安全法规体系、国家安全方案(SSP)的职责和责任、事故与事故征候调查以及执法政策等四个要素，是其他三个支柱的有力保障，反映运营人的安全管理理念以及对安全的承诺，是建立安全管理体系的基础。

（二）安全风险管理

安全管理体系的核心是风险管理。安全风险管理是控制安全风险、实现安全目标的重要手段，它通过对民航生产经营单位安全管理体系提出要求和对民航生产经营单位安全管理体系进行安全绩效认可两方面来实现基于安全绩效的安全管理。

（三）安全保证

通过安全监督、安全数据的收集、分析和交换，以及基于安全数据分析确定重点关注的监管领域等方式，保证有效地实现其安全监管职能。

（四）安全促进

用于确保安全培训、安全宣传、安全教育、安全信息交流和发布得以实施的各项举措。

四、安全管理体系的主要特征

（一）安全管理体系的本质：系统管理

安全管理体系是为实现安全目标而建立的管理系统，具有管理系统的所有属性和特征，安全管理体系是管理安全的系统化方法，致力于持续提高整体安全管理水平和绩效。

（二）安全管理体系的目的：安全绩效

对安全活动或过程进行测量的结果，体现了安全管理体系及其过程运行的有效性和效率，并综合反映组织安全目标的实现情况，以一系列安全绩效指标和安全绩效目标表示。

（三）安全管理体系的核心：风险管理

通过发现、评估和风险缓解三个阶段，消除危险或将危险降低至可接受的水平，以提高组织固有安全水平。风险管理必须在信息管理和数据驱动的基础上借助闭环管理予以实现。

（四）安全管理体系的驱动：信息管理

建立数据信息管理系统、安全信息数据库，基于数据信息进行风险管理、监督管理和有效决策。

（五）安全管理体系的基础：安全文化

安全文化是安全管理的重要部分，积极的安全文化是 SMS 有效实施的基础。创建和培养有效的安全管理文化是高层管理者的责任，并通过其言行予以确定和贯彻。

（六）安全管理体系的方法：系统方法

采用系统管理方法建立、实施及持续改进安全管理体系。

思考题

1. 国际民用航空组织的英文全称是什么?
2. 《国际民用航空公约》有多少个附件?《安全管理》属于哪个附件?
3. 国际民用航空组织对安全的定义是什么?
4. 什么是风险管理?
5. 民航安全历史发展经历了哪些阶段?
6. 什么是安全管理体系?
7. 简述REASON模型理念。
8. 安全管理体系的四大框架是什么?
9. 简述安全管理体系的主要特征。

第二章
机组资源管理

机组资源管理的概念见于文献已有几十余载,最早由美国国家运输安全委员会首次提出,当时被称为驾驶舱资源管理(cockpit resource management,CRM)。随着民航业的发展,"机组"一词扩展至强调客舱乘务员、维修人员,以及其他相关人员与飞行员的协同作用,现在的CRM已经变成crew resource management。

第一节 机组资源管理概述

一、机组资源管理的产生

(一)一起事故引起的调查与思考

1978年,美国联合航空公司一架载有189名乘客的麦道DC-8型客机试图在俄勒冈州波特兰市着陆时坠毁。当飞机接近机场、放下起落架之后,驾驶员立刻发现有一个指示灯没有亮。这一故障意味着飞机有一组机轮及其支撑装置在着陆时可能毁坏,甚至发生飞行事故。机组人员决定不再继续接近机场,而是让飞机做椭圆形盘旋飞行,以便机组人员确定起落架是否已损坏。随着盘旋飞行的时间越来越长,燃油量降低到了危险水平,但机长因为全神贯注于那个不亮的指示灯而未能注意到飞机总的状况。尽管飞行工程师再三警告说燃油越来越少,机长却充耳不闻。到机长做出反应并试图着陆时为时太晚,飞机的四台发动机都停止了运转,飞机没有抵达跑道就坠落到一片森林地带,机上有10人丧生。

对这次事故进行的调查表明,飞机的唯一问题就是该指示灯出了故障(虚警)。机长的错误不在于他想要排除一个可能危及生命的机械故障,而在于他没有对在高度紧张的情况下驾驶飞机的其他关键因素给予足够的注意。

这次事故恰好发生在美国航空航天局(NASA)对20世纪50年代末开始使用涡轮喷气发动机飞机之后出现的客机失事原因进行调查的时候。NASA的调查清楚显示,70%以上的客机事故都或多或少地与人为失误有关。更令人吃惊的是,大多数这类失误的起因都不是技术上的缺陷,而是由于在通信、合作和决策等方面出了问题。

1989年,美国联邦航空局(FAA)正式将CRM(cockpit resource management,驾驶舱资源管理)中的C由Cockpit(驾驶舱)改为Crew(机组),"机组"的范围不仅仅是驾驶舱里的飞行员,还扩展至客舱乘务员、机务维修人员、空中交通管制人员以及其他相关人员。随着机组资源管理概念的发展与演变,资源管理的范围从飞机内部扩展至飞机外部。所以,机组资源管理的产生是航空业发展的必然结果。

(二)飞行事故中人为因素比例上升

美国波音公司采用国际民用航空组织(ICAO)和商业航空安全委员会(CAST)分类标准,对2004年至2013年间商用飞机人员伤亡事故类型进行了统计,如图2-1所示。

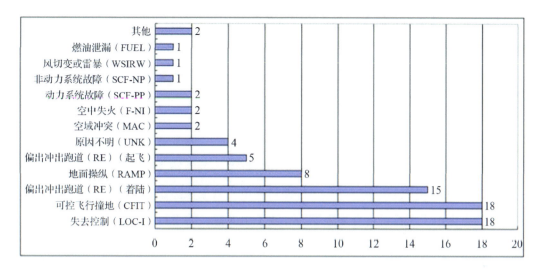

图 2-1　2004—2013 年商用飞机人员伤亡飞行事故按事故类型统计

其中，飞机失去控制、可控飞行撞地、着陆过程中冲出偏出跑道、地面操纵 4 种类型飞行事故所占比例较高。

1990 年以后，人为差错和机械故障飞行事故所占比例呈现明显上升趋势，人为差错飞行事故所占比例持续增大，从早期的 30%～40% 逐步上升到 70% 以上；机械原因飞行事故所占比例持续减小，从早期的 60%～70% 逐步下降到 10% 范围内，并趋于稳定。这表明，随着科技进步和系统安全工程技术的推广，飞机设备的安全性和可靠性越来越高，由飞机本身故障导致的事故越来越少，如图 2-2 所示。

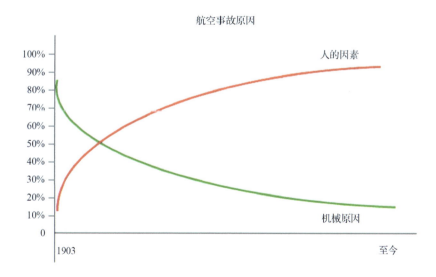

图 2-2　飞行事故原因随时间变化情况

美国空军对早期 600 起空中危险接近事件的原因进行统计分析，其中 86% 发生在能见度大于 9 千米的昼间简单气象条件；俄罗斯空军 70%～80% 的飞行事故原因为人为差错，其中非应急状态下人为差错性飞行事故高达 69%。这些数据都证实，大多数飞行事故都是人的低级错误导致的，人为差错已成为危及世界航空安全的主要因素。

（三）人为因素中主要是机组原因

仔细分析人为差错导致的飞行事故会发现，许多人为差错飞行事故是在飞行员身体良好、飞行状态稳定、飞机质量完好、飞行课目简单、气象保障正常的情况下发生的，即是在非应急状态下由于飞行员自身局限原因导致了出人意料的飞行事故。

二、机组资源管理的发展

第一代 CRM：称为驾驶舱资源管理，美国联合航空于 1981 年首推这一方案。着重强调飞行员之间的交流以及机长是机组的领导。关注于个人管理方式和人际技巧，目的是减少人的差错，提高航空公司的管理效率。

第二代 CRM：扩大了 C 的范围，将客舱乘务员、通信员、机务维修人员纳入其中，称之为机组资源管理。强调团队作用，对机组成员进行团队训练，关注于驾驶舱的情景意识和压力管理。

第三代 CRM：进一步扩大资源管理范围，将空中交通管制员和地面相关人员等并入其中。强调对人为因素的认识和评价，注重 CRM 训练和技能训练的联合训练。不仅关注飞行过程的安全性，还关注于飞行任务效率。

第四代 CRM：人为因素已经完全整合入航空领域。FAA 推出了一套高级资格培训方案 (advanced qualification program，AQP)，向所有飞行员提供 CRM 和 LOFT（航线定向飞行训练），并将 CRM 训练与技术训练结合起来。

第五代 CRM：重点集中于差错管理。CRM 中人的因素存在一个前提条件：人为差错是普遍存在且不可避免的，同时也是一种有用的信息来源。CRM 可视为具有三条防护线作为差错对抗措施，用于避免或者减少错误的发生。第一条防护线是避免差错的发生；第二条防护线是在出现差错征兆时及时阻断已发生的差错；第三条防护线是尽可能减轻已发生的错误带来的后果，并控制还没发生的错误。第五代 CRM 与前几代 CRM 具有兼容性，它巧妙地将各种训练方式结合起来，成为一种综合、更易接受的 CRM。

第六代 CRM：基于飞行风险管理，将安全关口前移，以预防为主。既有第五代的差错管理模型，又提出了威胁和差错管理模型 (threat and error management，TEM)。

三、机组资源管理的含义

CRM 是指有效利用所有可利用的资源（包括硬件、软件、环境和人四个方面），以达到安全、高效、舒适飞行目的的过程。核心是调动人的主观能动性，加强机组的协调配合，创造良好的沟通、平等友好的环境，最终达到目标。

C：crew(机组)，包括飞行员、乘务员、维修机务、空中交通管制员、地面其他相关人员等。crew 的含义已经扩展到整个航空领域。

R：resource(资源)，在飞行任务特殊环境里的一切硬件、软件和人员，包括人力资源、设备资源、信息资源、易耗资源。

M：management(管理)，协调地运用"人—机—环境—任务"中可能的一切资源达到安全运行目标。

四、机组资源管理中的资源

（一）人力资源 (human resources)

人，是一种可以开发的、比其他任何资源都要重要的资源。对人力资源生产、开发、配置、使用等诸环节进行目标管理称为人力资源管理。CRM 是以提高机组人员的工作能力和工作绩效为目标，包括飞行员的专门飞行技能、术语化技能、个体交流和团体协作技能，也包括乘务员的服务、交通管制员的指挥、机务人员的维修、气象人员的预报、飞机制造商的资料及对整个航空公司配置资源的开发利用。

（二）设备资源 (equipment resources)

设备资源是指飞机与机载设备，也称之为硬件资源，如导航设备、通信设备、状态显示器等。设备资源是对人力资源的扩充，使飞行更安全、更高效。

（三）信息资源 (information resources)

信息资源是指文件资料管理，也称之为软件资源，包括飞行手册、检查单、航图、气象情报、飞行计划、乘务员手册以及公司营运手册等。所有这些资料都应该随机携带以便在必要时查找。但无效的信息会增加飞行机组的工作负荷，导致不良的计划和决策。所以要求所有营运信息必须具有代表性，便于使用，具有实用价值。

（四）易耗资源 (consumable resources)

易耗资源是指在飞行过程中的消耗品。重要的易耗资源是燃油、航空食品、个人精力以及时间。航空油料是有形的资源，而人的精力和时间是一种无形的资源。

第二节　重要模型应用

一、墨菲定律

生活中有没有过这样的体会？

- 排队的时候，总是发现旁边的队伍比你这队快？而当你换去旁边队伍时，却发现原来的队伍变得更快了？
- 等了许久没来公交车，你刚离开车站，车就来了。
- 想要找什么东西的时候，总是在最后找的地方才发现。
- 复习的时候，只有一道题不会做，其他习题都会做，考试的时候偏偏就考了不会的那道题。

这是为什么呢？答案就是墨菲定律(Murphy's Law)，它被称为20世纪西方文化三大发现之一。墨菲定律是一种心理学效应，是由爱德华·墨菲(Edward A. Murphy)提出的。

爱德华·墨菲是美国爱德华兹空军基地的上尉工程师，曾参加美国空军于1949年进行的MX981火箭减速超重实验，如图2-3所示。这个实验的目的是测定人类对加速度的承受极限，其中有一个实验项目是将16个火箭加速度计悬空装置在受试者上方。因为仪器失灵发生了事故，而不可思议的是，技术人员竟然有条不紊地将16个加速度计全部装在了错误的位置。由此，墨菲得出的结论是：如果某项工作有多种方法，而其中一种方法将导致事故，那么一定有人会按照这种方法去做。

图2-3　美国空军MX981实验

墨菲定律原句是：If there are two or more ways to do something, and one of those ways can result in a catastrophe, then someone will do it。中文可译为：如果有两种或者两种以上的方式去做某件事，而其中一种方式将导致灾难，则必定会有人作出这种选择。

墨菲定律的基本内容是：Anything that can go wrong will go wrong，即凡是可能出错的事有很大概率会出错。任何一个事件，只要具有大于零的概率，就不能够假设它不会发生。

墨菲定律的内容可分为四个方面：① 任何事都没有表面看起来那么简单；② 所有的事都会比你预计的时间长；③ 会出错的事总会出错；④ 如果你担心某种情况发生，那么它就更有可能发生。

墨菲定律的启示：不能忽视小概率危险事件；做最好的准备和最坏的打算；期待成功，也有失败的心理准备；做任何事情之前，必须做好准备工作。

做个小实验：假定你把一片下面包掉在地毯上，这片面包的两面均可能着地；但如果你把一片一面涂有果酱的面包不小心掉在地毯上，常常是带有果酱的一面落在地毯上。通过实验证明，墨菲定律并不是百发百中，而是有一定的发生概率，这并不意味着定律是错误的，而是关于心理暗示方面的哲学定律，具有一定的现实意义。

将墨菲定律应用于航空领域，通过有效地进行资源配置和管理，人可以在最恰当的时机，以最恰当的方式预防和纠正人为错误。CRM中将"错误"分为设计和操作错误、随机错误、系统错误、偶然错误、可逆性与不可逆性错误。我们要做的就是通过CRM预防操作错误和随意错误，并将某些不可逆性错误转换成可逆性错误。

二、海恩法则

海恩法则(Ohain's Law)是德国飞机涡轮机的发明者帕布斯·海恩提出的一个在航空界关于飞行安全的法则。海恩法则指出：每一起严重事故的背后，必然有29起轻微事故和300起未遂先兆以及1000起事故隐患，如图2-4所示。

海恩在对多起航空事故的分析中发现，每一起事故发生之前总会有一些征兆，而人们要么没有发现，要么即使发现了也没有引起足够的重视，从而导致事故的发生。虽然这一分析随着飞行器的安全系数增加和飞行器的总量变化而发生变化，但它确实说明了飞行安全与事故隐患之间的必然联系。当然，这种联系不仅仅表现在飞行领域，在其他领域也同样发生着潜在的作用。

按照海恩法则分析，当发生一起重大事故后，我们在处理事故本身的同时，还要及时对同类问题的"事故征兆"和"事故苗头"进行排查处理，以此防止类似问题的重复发生，及时解决再次发生重大事故的隐患，在萌芽状态把问题解决。

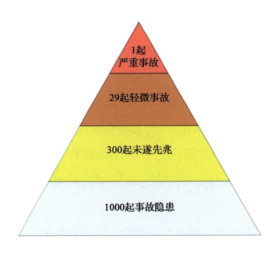

图 2-4　海恩法则事故模型

海恩法则强调两点：一是事故的发生是量的积累的结果；二是再好的技术、再完美的规章，在实际操作层面，也无法取代人为因素。

三、冰山理论

心理学家弗洛伊德的"冰山理论"十分著名。他认为，人的人格就像海上的冰山一样，露出水面的冰山尖角只是小小的一部分，代表人的意识；水面下巨大的冰山底部代表人的无意识，而这巨大的部分在某种程度上决定着人的发展和行为。

冰山理论被广泛应用于多个领域。在航空领域中，航空事故就像冰山在水面上露出的一角，在水面下还有许多未发展成事故的事故征候，在每个事故征候下面还有许多未发展成事故征候的不安全事件。航空安全研究数据表明，每发生一起航空事故或严重事件，就会有40起与此事故或事件相关的已报告但未引起事故的事件，还会有600起未报告的事件，如图 2-5 所示。

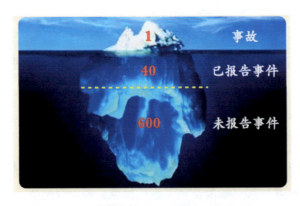

图 2-5　冰山模型

冰山理论揭示了航空安全管理除了关注事故外，还要关注未造成损失的不安全事件。防止不安全事件的数量积累扩大，导致积重难返。从冰山理论中我们得到启示：要减少冰山露出水面的部分，就要缩小冰山在水面以下的体积；要减少事故的发生就要减少事故征候和不安全事件的发生。

对于我们而言，所有的不安全事件都是重要的，因为这些不安全事件可能是对潜在事故的警告，一旦差错发生在不同的环境下事故可能就发生了。飞行中所犯的差错极大部分能当即就被发现和纠正——或由自己发现差错，或由同事、空管员、机务等发现纠正。发现了差错我们要从中吸取教训，通过管理减少类似的差错再次发生。

四、SHELL 模型

SHELL 模型是在航空人为因素研究领域普遍使用的模型，由埃尔温·爱德华(Elwyn Edwards) 教授于 1972 年提出。1975 年霍金斯(Hawkins) 将其发展成为一个带齿边的方块模型，如图 2-6 所示。

图 2-6　SHELL 模型

SHELL 模型是一种以"人"的因素为核心，用于研究系统其他要素与"人"相互影响的分析工具。其中，S 代表 software(软件)，即程序、培训、支持力等；H 代表 hardware(硬件)，即机器和设备；E 代表 environment(环境)，即系统运行的环境；L 代表 liveware(生命件)，即工作场所中的人员。

人与系统中的软件、硬件、环境以及其他的人之间相互关系，构成了 SHELL 模型的四个界面。即：人—软件 (L-S)、人—硬件 (L-H)、人—环境 (L-E)、人—人 (L-L)。

(1) 人—软件：系统中对人提供支持的文件、训练等，如规章、手册、检查单、标准操作程序、专业训练以及计算机软件等。

(2) 人—硬件：考虑人员与机器、设备以及设施之间的关系，如维修工具、座椅、工作台、计算机等。

(3) 人—环境：系统中人所处的综合环境，比如室内环境中的温度、光线、空间；室外环境中的自然环境；社会环境中的地方风俗；政策环境中的法律法规等。

(4) 人—人：包括与系统中其他人员及其他系统中的人员。

系统中人为差错是导致航空事故及事故征候的主要原因。人为差错受若干复杂因素共同影响。这些因素都可用人员、环境、硬件、软件这四个要素来概括，系统就是由这四个要素共同构成的，系统中的核心是"人"。齿形方块表示系统中的要素必须围绕人来匹配，系统的功能和目标才能得到充分实现，如图2-7所示。

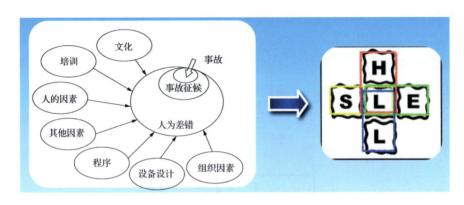

图2-7 人为差错与SHELL模型

五、HFACS模型

人为因素分析与分类系统(The Human Factors Analysis and Classification System, HFACS)，是美国联邦航空局根据James Reason教授的REASON模型提出的一种综合人的差错的分析方法。REASON模型是理论，而HFACS模型是实用的人为因素分析系统。HFACS模型最初是为军事航空设计的，但在民用航空领域也表现出有效性。

HFACS模型描述了四个层次的失效(或人为差错)，分别是不安全行为、不安全行为的前提条件、不安全监督和组织影响。每个层次对应REASON模型的一个层面，如图2-8所示。

机组的不安全行为会直接导致事故的发生，分为差错和违规。差错不是人员故意造成的，而是由于种种原因没有完成想要做的事情，分为技能差错、决策差错和感知差错；违规是人员故意违反规章程序的行为，分为习惯性违规和特殊性违规。

若把注意力仅放在不安全行为上，就是只看现象不看本质。因此，还要分析不安全行为的具体原因。不安全行为发生的两个主要前提是：操作人员不标准的状态和不标准的操作。精神状态、身体状态、身体/精神限制都会影响操作人员的工作绩效。此外，环境因素也会导致操作人员状态降低或者出现不安全行为。实践证明，经过良好训练和充分监督的操作人员能够有效地减少差错并提高工作效率，反之容易造成事故发生。

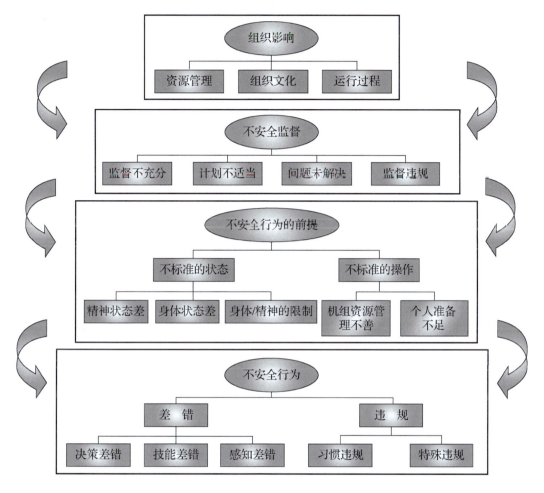

图 2-8　HFACS 模型

除去与运行人员有关的因素外，管理层也对事故的发生负有责任。管理层的不安全监督分为四类：监督不充分、运行计划不适当、已知问题未解决、监督违规。因此，监督者必须提供专业的指导、培训或监督。监督不充分、没有适当的培训、机组配备不当、没有及时纠正不安全行为、工作负荷过量、允许无资格飞行员驾驶飞机等，都会带来安全隐患。

由于缺乏整体认识，组织性差错经常被忽视，但组织差错往往是导致事故的根源。通常，组织影响与资源管理、组织文化和运行过程相关。资源管理围绕安全和生产两个目标进行，民航业繁荣时这两个目标都能够满足，民航业萧条时需要对两者进行取舍，若过度削减安全开支，容易导致维护不及时等安全隐患；组织文化包括工作氛围、政策、文化等；运行过程涉及公司决策、规章、标准操作程序和常规方法。

六、事故链理论

事故链是国际民用航空组织《安全管理手册》提出的概念。任何一次事故的发生都要经历初期、中期和后期各个阶段，这个事故过程的概念就叫"事故链"。国际民用航空组织指出：大事故极少是由一个原因引起的，而是由许多因素像链条一样，把各个环节连接在一起时发生的，也就是多系统缺陷共同作用的结果。要防止事故的发生，只要将链条上的某一环节截断就可以了。

第三节 人 为 差 错

一、人为差错的定义

人为差错是指在生产操作过程中，实际实现的功能与被要求的功能之间的偏差，其结果可能以某种形式给系统带来不良影响。一般有以下五种情况。

(1) 未执行分配给他的职责。

(2) 错误地执行了分配给他的职责。

(3) 执行了未赋予的额外职责。

(4) 按错误的程序或错误的时间执行了职责。

(5) 履行职责不全面。

二、人为差错的类型

按照人为差错产生的原因可以分为随机差错、系统差错和偶发差错。

(1) 随机差错：由于个人的行为、动作的随机性引起的人为错误。

(2) 系统差错：由于系统涉及某方面的问题或人的不正常状态引起的人为错误。系统中的人为错误可能是设计不充分、人员培训不足、设计程序或检查单/手册的概念错误引起的。

(3) 偶发差错：由于人的偶然行为引起的人为错误，它往往是难以预料的。

三、人为差错的模式

（一）失误、遗忘和错误

(1) 失误 (slips)：在执行工作过程中产生的差错，没有按照制订的计划进行。

(2) 遗忘 (lapses)：在工作中因信息追溯或回忆而产生的差错。

(3) 错误 (mistake)：类似我们做错事却一直都自认为是对的这种较复杂类型的差错。

（二）违章

违章是指故意偏离安全操作程序、标准或规章。程序违章会对安全构成严重威胁。违章的潜在原因很多是由于管理层认可或宽恕造成的。他们创造了允许违章现象存在的环境。违章的类型和频度主要取决于我们的工作态度、信念、团队工作习惯和企业安全文化等。违章可分四种类型：习惯性违章、处境违章、乐观性违章和特例违章。

（三）失效

(1) 现行失效是指具有直接负面影响的差错和违章行为。

(2) 潜在失效是指远在事故发生之前的措施和决策所隐藏的危险。

四、差错管理

（一）差错管理的原则

通过事故链理论得知，差错的产生是要具备一定条件的，如果我们打断其中任意一个条件，差错就不会发生，或者将不可逆错误向可逆错误转变。

（二）差错管理的理念

根据墨菲定律，人犯错误是普遍的和不可避免的，以任何形式追求完美都是缺乏依据的。通过有效的方法对错误实施管理可以避免错误引发的不良后果。

（三）差错管理的类型

(1) 差错减少：差错减少策略旨在直接介入差错源本身，给人员提供更好的培训、完善的工作检查单等。

(2) 差错捕获：差错捕获策略包括责任落实到人、确认交叉互检制度、强调信息复述。

(3) 差错包容：是指安全管理系统的设计应有能力接受差错而不会产生严重的后果。

(4) 安全审核：包括外部和内部安全审核。由监察人员根据适航规章和安全方案执行情况，从人、机、料、法、环等方面进行系统评估，采取预防措施，不断改善安全系统的管理。

（四）差错管理的要素

主动性与时效性。

(五)差错管理的措施

(1) 管理措施：规章、标准、制度、监督检查。

(2) 教育培训措施：知识培训、技能训练、文化培养。

(3) 技术措施：维修方案设计、工卡制作、技术发现和差错提示。

(4) 行为措施：良好习惯的养成、规范意识、企业文化、个人修养和个性特征等。

(5) 系统防范措施：专职检验、功能测试。

第四节　沟通与协作

一、沟通交流

沟通交流是以令人愉快和易于理解的方式相互交换信息，传递和反馈思想与感情的过程。有效利用驾驶舱内外信息资源是提高机组处境水平的关键，信息交流技能是CRM训练的核心内容。

对于执行航班任务而言，如何将驾驶舱、客舱以及相关人员有效串联起来，沟通是关键所在。沟通不畅、信息无法有效传递，则会埋下安全隐患。随着技术的发展，机械原因造成的飞机事故比例逐年下降，人为因素造成的事故及事故征候逐渐上升。资料显示，在人为差错造成的事故中，有67%是由飞行机组的失误导致的。在驾驶舱中，大部分事故与事故征候都涉及CRM问题，其中包含不当的沟通和错误的信息传递。

沟通是一门艺术，沟通过程中的任何环节受到干扰都会削弱沟通质量。影响沟通的因素有很多方面，如噪声、态度、观念、文化、心理状态、性格、经验、语言、肢体等。沟通的要领如下所示。

(1) 在发送信息时，应以简明扼要、适时准确的方式传递信息，使用标准术语和规范信息，方便对方理解和接受。

(2) 在接受信息时，应集中注意力、仔细倾听、及时反馈。许多因素都会干扰沟通，要能够识别障碍并予以克服。

(3) 反馈的作用十分重要。通过反馈可使双方对交流的信息进行评估，察觉哪些信息被接收了，哪些信息被遗漏了或者被错误理解了。

(4) 质询是一种特殊沟通技能，是针对特定的处境要求获得观点、意见或建议的过程，包括提问、检查和调查。

(5) 简述是促进沟通的重要内容，包括起飞前简述、进近简述和客舱简述。

(6) 劝告是沟通的一种特殊形式，不仅能克服沟通障碍，还能提高其他人的处境意识。

CRM 的沟通包括人机之间的信息交流和人人之间的信息交流，交流形式包括语言、肢体和书写等。

二、团队协作

管理学家斯蒂芬·P. 罗宾斯(Stephen P.Robbins)认为：团队就是由两个或者两个以上的，相互作用、相互依赖的个体，为了特定目标而按照一定规则结合在一起的组织。团队协作是一种为达到既定目标所显现出来的资源共享和协同合作的精神。

在航空领域中，良好的机组协作可以提高工作效率，减少飞行中的人为差错，对飞行安全起着重要的作用。飞行中，机组既要操作飞机，又要进行通信沟通；既要观察飞行状态，又要处理突发情况。由于人自身存在局限性，人的精力和体力不可能时刻保持在最佳状态，所以减少机组人为差错的概率就是打破事故链的形成，因此，合理的团队协作是至关重要的。

2015 年 8 月底，各大媒体均曝出中联航一机组飞行中互殴，副驾驶被打得头破血流。中联航为此也做出回应，称机组互殴系飞行员工作分歧起冲突，媒体报道的机组互殴至头破血流内容不属实。中国民用航空华北地区管理局在《关于对中国联合航空有限公司处理决定的报告》中称为"6.14 机组在航班运行期间发生肢体冲突"。

机长和副驾驶应该是一种团队协作关系，各机组成员只有齐心协力、相互配合、恪尽职守、思想上统一、行动上一致，才能保证飞机运行正常。有的机长总是积极推动和支持机组成员参与决策，以使机长的能力缺陷对飞行安全的影响降至最低；有的机长习惯弱化副驾驶的职责，把以机长为中心的机组配合，变成了只有机长的独角戏。因此，互殴也罢，发生肢体接触也罢，从这次事件我们要总结教训，只要机组进入了驾驶舱，坐上执勤位置，开始执行航班任务，必须尽快进入机组团队协作角色，建立共同的目标。

由于每个人的性格、志趣、价值观存在差异，难免会产生一些冲突。提高机组的处境意识，有利于大家齐心协力、及时、有效地解决矛盾，保证飞行安全。同时，不掺入过多的个人感情和个人成见，也会有效地解决问题。

工作群体是指成员通过相互作用，来共享信息，做出决策，帮助每个成员更好地承担起自己的责任。工作群体的绩效是每个群体成员个人绩效的总和。工作团队是指成员设立共同目标，通过共同的努力能够产生积极协同作用，其团队成员努力的结果使团队的绩效水平远大于个体成员绩效的总和。致力于将机组从群体向团队升华的过程，就是实现机组资源管理深化的过程，也就是实现 1+1>2 的过程。

1. 机组资源管理的含义是什么?
2. 机组资源管理中的资源都表示什么?
3. 简述墨菲定律。
4. 简述海恩法则。
5. 简述冰山理论。
6. 简述 SHELL 模型。
7. 简述 HFACS 模型。
8. 简述事故链理论。
9. 什么是人为差错?人为差错有哪些类型?
10. 差错管理的原则是什么?
11. 简述团队协作的意义。

第三章
飞行安全概述

全球科技飞速发展,越来越多的高新技术也应用到民航领域,无论是飞机外形还是内部空间,都达到了很高水准。但是人们最在意的还是安全问题。飞行安全是航空运输业的根基,关乎人们的生命财产、行业发展前景,乃至国家形象,是航空运输业永恒的主题。

第一节 飞行安全

一、飞行安全的含义

飞行安全包含两层含义，第一层含义是持续安全，就是随着时间的推移，始终保持着安全飞行。安全飞行时间是持续安全在数量上的直观表现。另一层含义就是高标准、高品质的飞行安全。这种安全并不体现在数量上，而体现在质量上，不存在任何侥幸行为和运气成分，扎扎实实地提高航空器飞行安全质量，使飞行安全水平稳步提升。数量与质量，两层含义结合，才能使民航飞行安全风险降到最低，事故率逐年降低。

二、飞行安全的重要性

飞行安全是持续性的安全，这种持续性贯穿整个民航系统。从飞机零部件生产、飞机组装、飞机维修、飞机指挥，直到最后飞机飞行。整个过程中，无论哪个环节出现问题都有可能破坏整体安全，带来严重后果。所以飞行安全的重要性对每一位参与在其中的人来说都是不言而喻的。无危为安，无损为全，飞行安全的意义是规避风险、防患于未然、建立长效安全机制来降低损失。只有每个环节都坚守好安全的红线，才能换来持续的安全。

组装飞机的每一颗螺丝钉、维修飞机的每一项工作、驾驶飞机的每一个动作、指挥飞机的每一次用语、安检乘客的每一个包裹，都关乎着飞行的安全。只有充分认识到飞行安全的重要性，才能抓住重点，把飞行安全植入骨髓，民航雄鹰才能振翅高飞。

三、影响飞行安全的风险因素

安全生产是航空公司生存与发展的根本、前提和生命线，也是航运企业运营工作的核心所在。随着时代的进步、科技更新，航空公司快速发展，机队规模、航班量、客货运输能力、效益等方面均有显著提升。但各类风险因素日益显现，时刻威胁着航空公司的正常营运。

安全管理体系(SMS)的核心是风险管理，而风险因素的分析与识别是风险管理的根本，正确识别与描述航空公司营运系统各环节风险源，针对风险源制定相应的控制措施，从事后分析向事前管理转变，才能提高航空公司的安全生产水平。

2008年，美国联邦航空局在《空管安全管理手册》中提出了"5M"模型，目的是有效识别影响空管安全管理中的风险因素。"5M"模型的研究范围包括人员(man)、设备(machine)、运行环境(media)、管理(management)和任务(mission)，如图3-1所示。

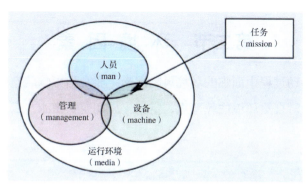

图 3-1　美国联邦航空局的"5M"模型

航空公司的营运系统由"地—空"立体组成，不仅涉及飞机、机场、空管和航线四个基本部分，还有航务维护、油料供应、地面辅助等系统，涉及的人、机、环境等因素错综复杂。事故的发生通常是安全生产系统的环境突变、人为差错、飞机失控、管理混乱等因素相互作用的结果。

四、我国民航飞行安全的现状

目前，我国民航行业安全态势持续平稳向好。"十三五"期间，在行业规模保持快速增长的同时，民航实现了运输航空安全飞行"十周年"。截至 2020 年 11 月底，全行业运输航空连续安全飞行达到"120+3"个月；运输航空责任原因严重征候万时率为 0.0066；不安全事件万架次率为 0.0056，好于行业安全指标，如图 3-2 所示。2020 年，还有两个主要安全指标均降为"零"：一个是亿客公里死亡人数十年滚动值从 2010 年的 0.0091 降低到 0；另一个是百万小时重大事故率十年滚动值从 2010 年的 0.097 降低到 0。此外，中国民航连续 18 年保证了空防安全。可以说中国民航的整体安全水平不断提高，事故指标优于世界平均水平。

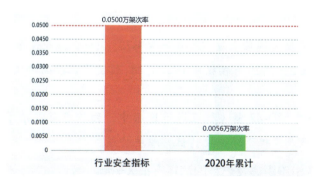

图 3-2　不安全事件万架次率与行业标准对比

（数据来源：民航局空管局运行管理中心）

第二节 环境因素

航空公司生产活动过程中面临的环境风险因素主要是指影响航空公司营运安全的自然环境因素。航空运输对自然环境依赖严重，雷暴、风切变、积冰、云、地形等都会对运输生产构成严重威胁。

一、气象环境

威胁飞行安全的极端天气包括雷雨、风切变、下沉气流、积冰、大雾以及颠簸等。飞机在高空中飞行时，受天气影响较小，相对安全。而在起飞或降落过程中，穿越雷区、云层和风暴时会冒很大的风险。曾经多起空难都发生在恶劣天气下的飞机降落过程中。

（一）气压、气温和大气密度对飞行安全的影响

飞机安全着陆和高空飞行均离不开场面气压（QFE）和标准大气压（QNE）。特别在起飞和降落时，要用所在机场的场面气压来调整高度表。如图 3-3 所示，飞机在海平面高度和 5000 英尺①高度时，由于气压的变化，起飞距离相差 1000 英尺。

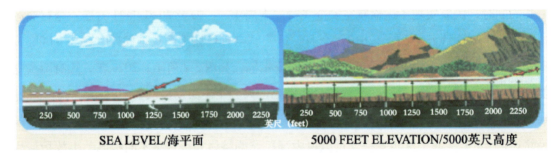

图 3-3　飞机起飞距离因气压变化而改变

【案例 3-1】

- 1989 年 2 月 8 日美国独立航空公司一架 B707 飞机，在亚速尔圣马丽机场进近时，地面报错场压，将 1019 百帕报成 1027 百帕，致使飞机撞高地坠毁，机上 144 人死亡，教训惨痛。
- 1993 年，一架 MD-82 型飞机在进近过程中，因飞行员混淆了高度基准，高度表拨正错误，造成飞机下降高度过低，触地坠毁。

气温对载重量、滑跑距离及燃料的消耗有很大影响。气温越高，气压越低，空气密度

---

① 1 英尺 =30.48cm。

越小，机翼产生的升力越小，起飞滑跑的距离越长；气温越高，载重量越少，消耗同样的燃料飞行的距离越远。比如，空气密度减小10%，滑跑距离要延长20%。某种喷气式飞机在0℃时起飞滑跑1500m，在30℃时要滑跑2000m，如图3-4所示。

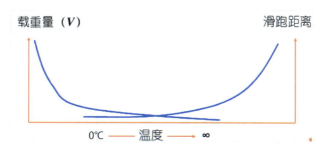

图3-4　气温对载重量和滑跑距离的影响

（二）风切变对飞行安全的影响

风切变（windshear）是一种大气现象，指风向和风速在空中水平或垂直距离上的变化。可以理解为飞机受突然的上升或下降气流影响，使飞机水平运动的状态突然改变。

根据风向划分，可将风切变分为垂直风切变（升降气流）、水平风的水平切变（水平风切变）和水平风的垂直切变（垂直风切变）；根据高度划分，风切变可以出现在高空也可以出现在低空，高度在600m以下，称为低空风切变。

低空风切变是飞机起飞和着陆阶段的一个重要危险因素，被称为"无形杀手"。低空风切变的形式有四种：顺风切变、逆风切变、侧风切变和垂直气流切变，如图3-5所示。

图3-5　低空风切变示意图

【案例3-2】

● 1975年6月27日，美国东方航空一架波音727飞机在纽约肯尼迪机场着陆时，遇低空风切变而坠毁，113人死亡。这次空难事件震惊了美国航空界。

- 2000年6月22日15时左右，武汉航空公司一架从恩施至武汉的运七客机，在下降过程中，坠毁于武汉市汉阳区永丰乡，机组人员和乘客共42人全部遇难。飞机于当日13时37分从恩施起飞，起飞时当地为多云天气，预定到达武汉时间是14时55分。14时48分，飞机在武汉机场准备降落时，因遇暴雨雷电，机场要求复飞。于是飞机在武汉上空盘旋，14时54分，机场呼叫，飞机失去联系。16时07分，武汉市公安机关接到报案，证实飞机在下降过程中，坠毁于武汉市汉阳区永丰乡四台村。综合分析各种气象资料并参考物象情况，认为22日14时至15时30分在飞机空难现场曾出现微下击暴流，产生了强烈的低空风切变。
- 2007年9月16日，One-Two-GO航空269航班MD-82飞机由泰国曼谷飞往普吉岛，降落时疑似遇上风切变导致滑出跑道，造成机身断裂爆炸起火，89人遇难。

【案例3-3】

- 2009年6月30日，一架也门航空A310客机，航班号626，从也门首都萨那的国际机场起飞，前往科摩罗首都莫罗尼的赛义德·易卜拉欣王子国际机场。飞机试图着陆时没有成功，随后在空中做了一个U形转弯后，在凌晨1时51分与莫罗尼机场失去联系，坠毁于科摩罗群岛附近海域。当时天气状况不佳，风速达到了61km/h。
- 2014年7月23日，中国台湾复兴航空公司GE222航班，机型ATR-72，乘客54人，机组4人，由高雄飞往澎湖马公机场，因为受到台风影响，天气不佳，紧急迫降失败，坠毁在澎湖县湖西乡西溪村62号空地。事故造成47人死亡，11人受伤。另外，波及附近2栋民宅造成火警，如图3-6所示。

图3-6　复兴航空失事图片

(三)云对飞行安全的影响

云(cloud)是大气中水汽凝结成的水滴、过冷水滴、冰晶或者它们混合组成的飘浮在空中的可见聚合物。不同的云对飞行的影响不同,由于云还伴随出现其他一些天气现象,也会对飞行活动产生影响。例如,云底很低的云影响飞机起降;云中过冷水滴使飞机积冰;云中湍流造成飞机颠簸;云中明暗不均容易使飞行员产生错觉;云中雷电伏击使仪表失灵、油箱爆炸、损坏飞机、发生飞行事故等。

对飞行影响最大的是碎雨云。碎雨云出现时云高很低,常常小于300m,有的仅几十米,而且云量多,形成极为迅速,移动速度较快,云下能见度也很差,影响目视,使飞机在下降着陆时因高度偏差而着陆困难,容易偏离跑道,造成严重威胁甚至发生事故。

(四)能见度对飞行安全的影响

能见度在航空界的定义是具有正常视力的人在当时的天气条件下还能够看清楚目标轮廓的最大距离。

影响能见度好坏的主要天气现象包括降水、大雾、积云、烟雾、风沙等,其中,降水和大雾对飞机飞行安全的影响最大。恶劣的能见度是影响飞行安全的主要障碍之一,严重威胁着飞机的起降,也会给机组人员目视飞行造成困扰,是航空运输业延误的主要因素。

能见度既是判断气象条件简单还是复杂的依据之一,也是决定机场是否开放、飞机起飞着陆是用目视飞行规则还是仪表飞行规则的依据之一。所谓的"机场关闭、机场开放、简单气象飞行、复杂气象飞行"等专业术语,通常指的就是云和能见度的条件。

尽管现代机场和飞机装有先进的导航、着陆设备,但能见度对飞行的影响仍不能低估。这主要是因为先进的仪表设备能帮助飞行员在复杂的气象条件下着陆,但完全依靠这种设备准确地对准跑道仍然十分困难。在着陆的最重要阶段——判断高度后到接地,飞行员仍需要目视操纵,还不能做到"盲目"着陆。飞机着陆时,要靠目视跑道标志和跑道灯来定向和判断高度,如果能见度很低,目视有困难,起飞着陆会有危险。

【案例3-4】

- 2003年1月8日,土耳其航空公司634号航班从伊斯坦布尔阿塔图尔克机场前往迪亚巴克尔机场,在最后降落前坠毁在浓雾之中。机上5名机组人员和75名乘客中的70名乘客丧生,幸存下来的5名乘客也身受重伤。
- 2010年7月28日,巴基斯坦低成本航空公司蓝色航空(Air Blue)202号航班由卡拉奇飞往伊斯兰堡,在降落前坠毁于伊斯兰堡北部。机上有146名乘客和6名机组成员,共152人全部罹难。事发后,巴基斯坦宣布举国哀悼一天,并取消了一次内阁会议。大雨、多雾天气被认为是坠机发生的主要原因。
- 2013年1月29日,哈萨克斯坦SCAT航空公司760号航班在距离阿拉木图机场5km处坠毁,机上5名机组成员和16名乘客无人生还。初步推断客机坠毁原因是当地天气条件不佳,能见度有限。阿拉木图及周边地区当时/当日笼罩在大雾中,空气潮湿。
- 2013年2月13日,乌克兰一架安24客机在顿涅茨克紧急降落时冲出跑道并着火,机身裂开,造成至少5人死亡。事故发生时,机场附近正被浓雾笼罩。

(五)结冰对飞行安全的影响

飞机结冰是指飞机机体表面某些部位聚集冰层的现象。它主要由云中过冷水滴或降水中的过冷雨碰到飞机机体后结冰形成,也可由水汽直接在机体表面凝华而成。

飞机结冰原理:云中存在过冷水滴,过冷水滴不稳定,稍受震动即冻结成冰。当飞机在含有过冷水滴的云或雨中飞行时,如果机体表面温度低于零度,过冷水滴撞在机体上就会立即冻结并聚积成冰层。

飞机结冰会使飞机的空气动力性能变差,推力和升力减小,正面阻力增大,流线型也受到破坏,如果结冰较厚,还可改变飞机重心位置,影响飞机的安全定性和操纵性。且结冰使翼状变形,破坏气流的平滑性,爬高速度、升降和最大飞行速度降低,飞行阻力增大,燃料消耗增加,并使导航仪和无线电通信设备失灵,严重危及飞行安全。旋翼和螺旋浆叶上结冰,会造成飞机剧烈颤动;发动机进气道结冰,会损坏飞机;驾驶舱风挡结冰,会妨碍目视飞行;天线结冰,会影响通信或造成通信中断。

【案例 3-5】
- 1986年12月5日,一架安24飞机在兰州坠毁,其事故原因就是飞机在起飞后2号发动机结冰并造成发动机停车。
- 2012年4月2日,俄罗斯一架载有43人的双引擎ATR-72型飞机在西伯利亚坠毁,机上31人遇难。调查人员透露,结冰是飞机在秋明郊外失事的主要原因。
- 2014年12月28日,马来西亚亚洲航空QZ8501航班发生坠海空难。这架空客A320-200型客机从印度尼西亚泗水市飞往新加坡途中失事。事后的事故调查报告说,飞机可能穿入一片雷雨云,基于飞机失去联系位置的(气象)数据,天气是空难背后的触发因素。在此情况下,最有可能触发的天气现象是结冰。飞机表面结冰可能引发冰体脱落,进而对飞机发动机造成破坏。

(六)颠簸对飞行安全的影响

飞机在湍流区中飞行,受到不均匀的空气动力冲击,飞机的姿态和轨迹会发生不规则变化，就像汽车行驶在崎岖不平的道路上一样，产生振颤、上下抛掷、左右摇晃等现象，造成飞机操作困难、仪表不准，这种现象称为飞机颠簸。

产生飞机颠簸的基本原因是由于大气中存在乱流。这些不稳定气流范围有大有小，方向和速度也各不相同。当飞机进入与机体尺度相近的乱流涡旋时，飞机的各部位就会受到不同方向和速度的气流影响，原有的空气动力和力矩的平衡被破坏，从而产生不规则的运动。飞机由一个涡旋进入另一个涡旋，就会引起振动。当飞机的自然振动周期与乱流脉动周期相当时，飞机颠簸就会变得强烈。

颠簸的出现一般与空气湍流有关。颠簸强烈时，一分钟上下抛掷几十次，高度变化几十米，空速变化可达 20km/h 以上，造成飞行员操纵困难或暂时失去操纵。当颠簸特别严重时，会造成飞机解体，严重危及飞行安全。

【案例 3-6】

- 2016 年 6 月 19 日，从德国法兰克福飞往上海浦东机场的国航 CA936 航班，在飞行过程中遭遇强气流，发生严重颠簸，机上 17 人落地后被送医治疗。
- 2017 年 6 月 18 日，从法国巴黎飞往中国昆明的东航 MU774 航班在飞行途中突遇气流颠簸，机上乘客有 26 人受伤。航班安全落地昆明，伤员被送到医院救治，均无生命危险。
- 2019 年 8 月 15 日，载有 225 人的日本全日空航空公司 NH963 航班在北京东北方向约 140km 处出现险情，于 5500m 高度突发剧烈颠簸，有 2 名乘客和 2 名乘务员因跌倒而受伤，其中一名 60 多岁的女性乘客骨折。

二、地理环境

飞机在起飞和下降的关键阶段比在巡航阶段更容易发生紧急情况，一个很小的失误就会引发严重后果。除了气象环境之外，机场的地理环境对航空器的安全起降也至关重要。若机场位于地理环境复杂的地带，比如机场周边有高地或者坐落在山脉中，航空器发生事故的可能性会更大。

中国广西河池市金城江机场建在悬崖边上，跑道是世界上最窄的跑道之一，海拔高度为 677m，受天气影响很大，对飞行员有非常高的技术要求，如图 3-7 所示。葡萄牙马德拉丰沙尔机场，建在山的对面，跑道从半山凿出伸向海洋，空中海鸟乱飞、随时改变风向的海风，是最大的隐患，如图 3-8 所示。

图 3-7　广西河池市金城江机场　　　　图 3-8　葡萄牙马德拉丰沙尔机场

【案例 3-7】

2020 年 10 月 16 日下午 2 点 30 分，深航 ZH9247 执行西安飞往攀枝花的航班在降落中发生事故。飞机在降落过程中撞到机场的进近灯柱并造成飞机机身与轮胎损伤，所幸飞机安全降落且无人受伤，但却是一起严重事故征候。本次事故发生在攀枝花机场，这个机场可以说是中国最难飞的机场之一。攀枝花地处中国西南地形复杂且多山的区域，机场是在山顶上削峰填谷建设而成，跑道四周也全是山谷，属于"航母式机场"，如图 3-9 所示。机场海拔高度为 1980m，属于高原机场，且地处山区，风向多变，每一次降落对飞行员都是挑战。

图 3-9　攀枝花机场

【案例 3-8】

国航 CA129 班机空难发生于 2002 年 4 月 15 日。CA129 是从中国北京到韩国釜山的定期航班，波音 767-200ER 客机，机身编号为 B-2552。发生事故的原因包括天气恶劣、机场设备故障、机长因一系列对话而分心、机场地形复杂等，最终导致客机撞山坠毁，造成包括 11 名机组人员、155 名乘客在内的 166 人中的 128 人不幸罹难。

一位不愿意透露姓名的空难目击者在事故现场通过手机接受记者采访时说："这次空难是因为釜山金海机场起了大雾,飞机在北京时间10时23分(韩国时间11时23分)降落时,不知道何种原因偏离跑道,撞到了机场边上一座海拔仅为260m的小山上。"

【案例3-9】

2019年4月14日,一架小型Summit Air飞机在珠穆朗玛峰附近的尼泊尔卢卡拉机场起飞时,与一架停在机场内的直升机相撞,造成3人死亡,如图3-10所示。当时该飞机正欲起飞前往加德满都。事故发生后,相关当局便暂停了该机场的服务。

图3-10 事故现场图片

尼泊尔卢卡拉机场位于海拔9334ft (2845m)的高度,因其跑道短(跑道长度只有460m,宽只有20m,但坡度达18.5°),起降难度大,被认为是世界上最危险的机场,冠有"世界屋脊上的跑道"称号,如图3-11所示。目前,卢卡拉机场只有飞往加德满都的航线,是连接加德满都和卢卡拉的唯一通道,且只对直升机及小型固定翼飞机开放,每天有30个航班在这里起飞和降落。

飞机在大部分机场起降时,都有机场的地面控制中心辅助控制,然而卢卡拉机场却是极少数飞机不受控制的机场。卢卡拉机场没有雷达以及导航等先进设备,所以每次起降只能依靠飞行员自己判断,而卢卡拉机场能够提供的只是当时的天气信息。不少曾在卢卡拉机场起降过的飞行员表示,在这里起飞和降落,就如同在雾天开手动挡汽车,不仅难以看到远处的路况,还需要自己向窗外看跑道的情况,而且一旦选择了降落点,就没有能够调整的余地了。因为卢卡拉机场的入口是一个山谷,要进入机场只能从这个不到1000m宽的山谷进入。

2017年5月,一架运送登山物资的货机在卢卡拉机场降落时未能控制好高度,在偏离跑道几米以外的地方坠落,两名飞行员遇难。当时事故归咎于起雾造成的能见度低。

图 3-11 尼泊尔卢卡拉机场

第三节 人为因素

人为因素指的是与航空公司营运有关的人员引发的风险因素。虽然"人"是航空公司运营系统中最具价值的主体,但人自身的局限性导致了人为因素是风险源最易滋生的温床。有研究显示,航空事故中至少有 70%～80% 的事故与事故征候都能找到相关的人为因素。航空公司营运过程中涉及的人员很多,包括机组、机务、空管、签派、地勤等,他们是衔接公司安全运行的纽带,从事故链理论角度分析,如果在航空公司运行过程中相关人员的某一环节出现脱离,将对公司安全运行产生巨大的影响。

一、飞行机组

飞行机组因素是导致飞行事故人为因素的突出重要原因。在飞行机组因素中,机组操作不当居首位,其次是机组违章驾驶,其他依次是机组判断失误、机长技术能力不强、机组配合失调、机组心理素质欠佳、复飞决断不及时和机组不能正确使用设备等。

航空安全网数据库中有一份关于机组人员原因分类的飞行事故资料,是根据 1990—2011 年发生的 81 起国际运输机 A 类飞行事故统计的,如图 3-12 所示。

这份数据显示了飞行机组因素导致事故的 11 项原因中,有 7 项(空间定向障碍,缺乏休息、疲劳,注意力分散,酒精、吸毒,失能,精神状态,错误判断)与飞机机组生理心理状况有关,占事故总数的 67.9%。事故原因顺位前 5 位占事故总数的 71.6%。因为飞行机组身体原因直接引起事故的比例很小，但这类事故的后果多数很严重。飞行员定向障碍与疲劳仍然是主要原因。

顺位 Order	原因 Causes	事故例次 n	百分比 Ratio(%)
1	空间定向障碍，情景意识 Disorientation, situational awareness	17[a]	21.0
2	缺乏休息、疲劳 Insufficient rest, fatigue	14	17.3
3	无资质 Un(der)-qualified	11	13.6
4	注意力分散 Distraction in cockpit	9	11.1
5	领航错误 Navigational error	7	8.6
6	酒精、吸毒 Alcohol, drug usage	6[a]	7.4
7	失能 Incapacitation	6	7.4
8	违反规章程序 Non-adherence to procedures	5[a]	6.2
9	语言沟通障碍 Language communication problems	3[a]	3.7
10	精神状态 Mental condition	2	2.5
11	错误判断（速度、高度） Misjudgement (speed, altitude)	1	1.2
	合计 Total	81	100.0

图 3-12　81 起飞行事故机组原因顺位比较

此外，从 2007 年至 2017 年 10 年中，因飞行机组责任造成的严重事故征候数据分析如图 3-13 所示。

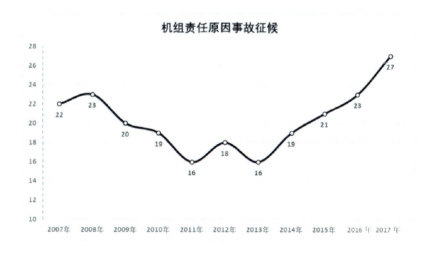

图 3-13　机组原因导致严重事故征候数据分析

【案例 3-10】

2015年3月24日，德国之翼4U9525号航班的副驾驶将机长关在门外，操纵一架A320客机在阿尔卑斯山坠毁，导致150人死亡。

根据舱音记录仪，副驾驶曾怂恿机长去卫生间，机长在驾驶舱外曾拼命踹门，以及在撞山前曾记录到驾驶舱呼吸声音等判断，这是一起自杀事件。该副驾驶曾告诉女友"要搞事"。此事之后，很多航空公司修改了规定，要求驾驶舱必须有两名机组人员同在。

【案例 3-11】

2010年8月24日21时36分，编号为VD8387的河南航空E190飞机，从黑龙江省哈尔滨飞往伊春着陆时，在距林都机场跑道头约690m处时失事，部分乘客被甩出后，飞机起火爆炸，事故造成91名乘客与5名机组人员中的44人遇难，52人受伤。

调查报告指出，大雾是造成伊春空难的直接原因，而飞行员的违规操作，导致了悲剧发生。调查显示，事发当晚，机场近地面相对湿度接近90%，17时至21时，气温快速下降，形成辐射冷却降温，使水汽快速凝结，特别是近地面雾气较浓，对低空飞行会产生不利影响。在事故发生的前半小时，伊春机场管制员向飞行机组通报的能见度为2800m，并在事发前十分钟再次提醒飞行机组。然而，机组在低于公司最低运行标准（3600m）的情况下，仍然实施进近。同时，飞行机组违反民航局有关规定，在飞机进入辐射雾中飞行时始终未看见机场跑道、没有建立着陆所必需的目视参考的情况下，仍然穿越最低下降高度实施着陆。

【案例 3-12】

2015年2月4日，台湾复兴航空235号航班撞上了高速公路的高架桥，机上58名乘客中的43名遇难。"哇，收错油门。"这是事故发生前飞行员最后说的话。

根据台湾"航空安全委员会"的报告，飞机刚从台北松山机场起飞后，一个发动机失去了动力，然后机长不小心将正常运行的发动机关闭，导致机身大幅度倾斜并撞到高架桥，最终飞机俯冲坠落到下方的基隆河里，机长和副驾驶均遇难。

【案例 3-13】

1994年3月23日，由空客A310执飞的俄罗斯航空593号航班从莫斯科飞往香港，但于中途坠毁在西伯利亚，机上75人全部罹难。这起事故原因的荒唐程度堪称民航历史之最：副驾驶让自己的两个孩子玩操纵盘。

根据事故后发现的驾驶舱录音，副驾驶让自己两个孩子（分别为12岁和15岁）在半夜时进入驾驶舱。两个孩子都坐在了机长的位子上玩操纵盘。飞机处于自动驾驶状态时，操纵盘不应被启用。但当其中一个孩子把操纵盘往下推了整整30秒后，系统被迫回到手动驾驶状态。当机长和副驾驶回到座位上掌控操纵盘时，一切都来不及了，飞机坠毁到下方的山里，机上人员全部遇难。

【案例 3-14】

2010 年 4 月 10 日，一架载有波兰总统莱赫·卡钦斯基、政府和立法机构众多高官的图-154 型专机在俄罗斯斯摩棱斯克坠毁，机上包括机组人员在内共 97 人全部遇难。依据俄罗斯专家所解读出的黑匣子录音内容显示，飞机飞行时性能良好，也无任何技术问题，这起悲剧完全是人为因素导致的。录音内容显示，机场塔台航管对飞机驾驶员发出了警告指令，机场浓雾不宜降落，飞机驾驶员亦未接受建议指令改至其他机场降落，仍然试图降落，最终降落失败，酿成悲剧。

【案例 3-15】

2010 年 7 月 28 日，巴基斯坦蓝色航空 202 号航班在首都伊斯兰堡附近坠毁，机上 146 名乘客和 6 名机组人员全部遇难。

坠机原因是机长在航行中几次用"严厉傲慢"的语气和副驾驶说话，导致副驾驶"失去自尊"，所以在机长开始犯严重错误时，他没有敢进行干预。之后机长无视空管人员发出的天气警告，在灾难来袭的过程中，他的错误也没有得到副驾驶的纠正。如果副驾驶能够纠正机长重复犯的错误，也许悲剧就可以避免。再加上当时正处于季风气候的雨季，机长开始惊慌并失去控制，最后飞机坠毁在一个山坡上。

【案例 3-16】

1977 年 3 月 27 日，两架 747 大型喷气飞机在加那利群岛的特内里费机场跑道上高速相撞，导致两架飞机上 583 名乘客和机组人员死亡。这是有史以来最惨重的一次航空事故。荷兰皇家航空公司 KLM4805 号航班上 234 名乘客与 14 名机组人员在事故中全部丧生。泛美航空公司 PA1736 航班上共有 382 名乘客与 14 名机组人员，其中 326 名乘客与 9 名机组人员死亡。

尽管仍存在很多争议，但以下是得到普遍认同的导致此次事故的几个主要原因。

- KLM 航班的机组在没得到空中交通管制许可确认的情况下强行起飞。
- KLM 航班的机长在听到泛美机组报告还在跑道上滑行时，没有及时中止起飞操作。
- 当 KLM 航班的飞航工程师对泛美航班是否已经让出主跑道而向机长提出怀疑时，KLM 航班的机长贸然作出了肯定的判断。
- 无线电通信问题（当一机组同另一机组以及塔台同时通话时，发生通信中断现象）。
- KLM 航班的副机长在同塔台的通话中使用了不标准的用词方法。

【案例 3-17】

2005 年，从意大利巴里飞往突尼斯杰尔巴岛的突尼斯国际航空 1153 号航班于中途坠落在地中海里，机上 39 人中的 16 人遇难，23 人获救。2009 年 3 月，该航班的机长和副驾驶被判处 10 年监禁。

该航班的飞机因机械故障而将燃油耗尽并开始坠落,之后机长和副驾驶并没有将应急程序执行到位,而是开始祈祷。驾驶舱的录音显示机长呼唤"安拉和先知穆罕默德"求助。证据显示机组人员起初做出了许多努力以挽救危机,但最终陷入惊慌并任由坠毁发生。

二、维修人员

航空器维修人员是负责航空器适航性和处于安全运行的技术保障人员。他们与航空安全关系密切,主要集中表现在经维护修理后的航空器适航品质和安全质量方面。航空器维修是航空系统的基本组成部分,它的人为差错的增加可能导致系统安全网的崩溃。

维修人员对航空器所做的任何维修工作都有可能发生人为差错,如航线更换件安装不正确、组装时忘记取下液压管上的堵头、在接近某处做工作时用脚踏坏了某条空气管路、结构裂纹在目视检查时未发现、由于诊断错误拆下无问题的电子盒而有故障的却留在飞机上等。

因此,注重安全、重视细节,就是要持续不断地对维修人员进行技术培训,使其熟练掌握所在岗位的生产操作、设备维护技术,从根本上杜绝因野蛮操作、误操作、习惯性违章操作以及处理方法不当而导致事故的发生。

【案例 3-18】

1985 年 8 月 12 日,日本发生了史上死伤最惨重的 123 空难事件。当天傍晚 6 时 56 分,日本航空 123 班机搭载 509 名乘客及 15 名机组人员,从日本东京的羽田机场,预定飞往大阪伊丹机场。飞行途中,班机因维修不当造成尾翼脱落,最终在群马县御巢鹰山区附近的高天原山坠毁,520 人遇难,仅有 4 名女性奇迹生还(一名未执勤的空服员、一对母女以及一个 12 岁女孩)。此次空难事件是世界上涉及单一架次飞机的空难中死伤最惨重的。

【案例 3-19】

- 1994 年,我国西北航空一架飞机执行航班任务时,因地面机务维修人员在更换安装时,将倾斜阻尼插头与航向阻尼插头相互插错,最终导致飞机操纵异常,之后解体坠毁。
- 1988 年美国的一架飞机在执行航班任务时,因地面的两位工程检查员未能发现飞机蒙皮上至少有 240 多处裂纹,最终导致飞机上层结构蒙皮由于结构失效与飞机脱离。
- 2016 年 7 月 12 日,LATAM 航空一架 A320 飞机在巴西阿雷格里港过站期间,助理机务人员错误推飞机,导致另一名机务人员被飞机左主轮碾压,不治身亡。根据警方以及机场提供消息,当时驾驶舱内有一名机务人员,地面有一名机务人员(死者)及一名助理。驾驶舱内机务人员获得塔台可以推飞机的指令后,正要与地面机务人员进行确认,但助理误以为可以推飞机于是开始推,致使另一侧的机务人员在毫无防备的情况下被飞机左主轮碾压。

- 2019年5月6日下午,科威特机场一名机务在使用牵引车推出一架波音B777-300ER飞机,经过一段有坡度的机坪时,推车拖把受力不均突然断裂,失去牵引的飞机正好冲向现场操作的机务,机鼻轮不偏不倚地从受害者身上辗轧过去,后者当场血洒机坪,不治身亡。

- 2012年7月14日,某航浦东维修基地飞机勤务部负责执行A330/B5900飞机航班出港保障工作。当飞机正常推至滑行道后,机务人员将拖把和飞机脱离,期间由于机务人员与机组沟通失误,在飞机未设置刹车的情况下撤下拖把并启动发动机导致飞机向前滑动,致使尚未与飞机脱离的拖把与拖车尾部发生刮碰。

【案例3-20】

2005年8月14日,一架塞浦路斯的太阳神航空波音737-300客机,班次为ZU522(HCY 522),于希腊当地时间12时04分,在雅典东北方的马拉松及伐那法斯之间一个山区小村葛拉玛提克坠毁,机上115名乘客及6名机组人员全部罹难。塞浦路斯政府为此次空难举国哀悼3天。此次空难也被称作"幽灵航班"。

飞机起飞不久,机组报告说空调系统出现问题,10时30分与地面失去联系,11时18分希腊空军派出的两架F-16战斗机飞行员在34000ft高空发现飞机,观察到航班副驾驶趴在驾驶舱的仪表板上不省人事,而机长不见踪影。有一个人(后证实是乘务员)则在试图操纵飞机。12时04分,飞机耗尽燃料后坠毁。机尾首先触地,机身翻滚了500m后停下,除了机尾及驾驶舱尚保持完整外,全机已成为碎片。为营救失事人员和扑灭引燃的大火,警察出动了35辆消防车、8架灭火飞机和3架直升机。

据调查报告称,该飞机曾在事故发生前因为空调系统故障而进行维修,机务做完机舱加压测试后,忘记把加压掣从"手动模式"变回"自动模式",而飞行员未有察觉。

当航机以"自动驾驶模式"爬升超过15000ft后,因机上的加压系统处于手动模式而未能自动为机舱加压,空气稀薄,氧气不足。正常情况下,若飞机高空失压,便应该降低高度至含氧量高的空域,但由于机长及副驾驶并不知道机舱失压,一直以为是机上空调失灵而没有戴上氧气面罩,因此很快便失去意识并处于昏迷状态,导致飞机无人驾驶,飞机便以自动驾驶模式一直爬升。机长可能是为了检查位于驾驶舱后部的空调装置是否有问题而离开座位,因缺氧而晕倒。一名曾当过潜水员并在特种部队服过役的乘务员安德列亚斯,靠紧急备用氧气瓶(用量能支持1小时)到驾驶室为副驾驶戴上面罩,然后坐在机长座席试图挽救飞机，并曾以极微弱的声线求救，可是最后飞机因燃料不足而坠毁。

另外，出事客机的机长是一名德国驾驶员，是太阳神航空因当时假期客量增长的需求而聘请的特约机长。可该名机长可能因沟通问题，而未能听懂地面控制员的指示，又或是因为当时飞机缺氧，影响机长判断力及集中力，无论如何，该名机长自始至终都一直以为是机上空调系统故障，而不知道加压装置没有调校至正确位置。最终令机组人员没能及时阻止事故发生，并导致希腊史上最严重空难。

三、空管人员

空中交通管制是一项高风险、高工作负荷的智力劳动，空管人员就像乐队指挥一样，指挥每一架进入本管制区域的飞机。空管人员一方面要不断获取信息、分析评估动态、果断作出判断决策、发出指令信息、为航空器配备安全管制间隔、处理突发特情；另一方面空管人员的思考时间很短，但发出的指令直接影响航班空中飞行状态和飞行安全。管制活动是在空管员、飞行员和有关设备的共同作用下进行的。任何一个环节出现问题都有可能引发飞行冲突甚至是飞行事故。

【案例3-21】

1976年9月10日，当地时间10时14分，在当年南斯拉夫萨格勒布（今克罗地亚首都）附近的弗尔博韦茨市上空，一架英国航空客机与一架伊内克斯-亚德里亚航空客机发生相撞，造成两机上共176人全部遇难。

英国航空476号航班于8时32分，从英国伦敦希思罗机场飞往土耳其的伊斯坦布尔，机上载着54名乘客及9名机组人员。伊内克斯-亚德里亚航空550号航班于9时48分，从南斯拉夫的斯普利特（今克罗地亚南部）起飞前往德国的科隆，机上共有108名乘客及5名机组人员。两架飞机一直平稳地飞行，直至进入萨格勒布管制区。

476号航班按照管制员指令在10100m的飞行高度（航道）继续飞向萨格勒布。与此同时，飞向萨格勒布的550号航班航道的分配与476号航班相接近。当时，管制员为在萨格勒布地区上空的几架飞机分配了航道，但将550号航班错误地引向已经分给476号航班的航道，即10110m的高度。在1/1000秒的时间内，两架飞机迎面相撞，176条鲜活的生命转瞬即逝，惨不忍睹。

调查结果显示，事故原因是管制员的疏忽导致指挥差错，尽管两架飞机的机组人员也负有失察责任。当天机场地面雷达设备失灵，但由于当时晴空万里，管制中心没有启用机场备用雷达，这也是致命的错误。当班的管制员全部被指控，其中一名工作人员因疏忽职守罪被判处有期徒刑7年，但关押两年多即被释放。

第四节 机场管理因素

一、鸟击

鸟击，顾名思义，就是飞鸟与飞机相撞。因为绝大多数鸟类体形小、质量轻，因而鸟击的破坏主要来自飞机的速度，而非鸟类本身的质量。飞机的高速运动使得鸟击的破坏力达到惊人的程度。

鸟击对航空器的破坏与撞击的位置有着密切的关系，导致严重破坏的撞击多集中在导航系统和动力系统两方面。鸟撞飞机主要在飞机起降时，并都集中在风挡、发动机、机头机翼前缘等部位。其中风挡和发动机的概率最大，而这些部位又是飞机比较薄弱和要害之处，因而被鸟撞后造成的后果十分严重。

【案例 3-22】

2009 年 1 月 15 日，全美航空 US1549 航班，执飞机型 A320，从纽约长岛拉瓜迪亚机场飞往北卡罗来纳州夏洛特。起飞后不到 1 分钟，遭到"双鸟击"，在机长的精湛技术和沉着处置下，6 分钟后成功迫降在哈德逊河上，如图 3-14 所示。这也是民航史上首次成功水上迫降。由此事件改编而成的影片《萨利机长》于 2016 年上映。

图 3-14　全美航空 US1549 航班迫降在纽约哈德逊河上

【案例 3-23】

2019 年 8 月 15 日，俄罗斯乌拉尔航空 U6178 航班，执飞机型 A321 客机，执行莫斯科茹科夫斯基飞往乌克兰辛菲罗波尔航班任务。起飞后遭遇鸟击导致发动机严重受损，机组人员在 750ft 处停止爬升，将飞机成功迫降在距机场不远的玉米地中，如图 3-15 所示。接地前机组人员关闭了两台发动机，接地时起落架收起状态，乘务员通过滑梯撤离旅客。

图 3-15 乌拉尔航空 U6178 航班迫降在玉米地中

【案例 3-24】

- 2007 年 8 月 20 日,首都机场空中交通指挥塔获悉,国航一架飞往温州的航班在机场东跑道起飞后,机组反映可能遭到鸟击。飞行区管理部检查东跑道结束后在滑行道上捡到一只鸽子残骸。
- 2013 年 6 月 4 日,国航一架执飞成都至广州的航班在起飞后不久,飞机机载雷达罩在数千米高空被撞出一个大凹洞,机组随后立即决定返航,半个小时后航班安全回到成都双流机场,事件未造成人员伤亡,如图 3-16 所示。

图 3-16 机载雷达罩被撞凹陷图片

2019 年,我国鸟击事件发生数量较往年同期呈明显上升趋势。仅 8 月和 9 月,华北地区就连续发生 70 余起地面保障原因引起的鸟击不安全事件,部分鸟击事件还造成了飞机的损伤。针对增多的鸟击事件,各机场飞行区管理部也开展起治理防范工作。首都机场率先使用鹰隼驱鸟,如图3-17所示。

图3-17 驱鸟技师在工作中

二、跑道环境

对于飞机滑行和起降而言,最重要也是影响最大的就是机场跑道环境,包括跑道道面、跑道周围障碍物、跑道周围地形、跑道目视助航设备和机场净空。

跑道道面的质量直接影响飞机起飞和着陆的安全性。受到雨、雪、积水等的影响,由于摩擦系数降低,会产生飘滑现象;道面有金属物、石子、纸屑、树枝等杂物,容易被吸入航空器发动机或其他部位,轻则机身划伤,重则破坏航空器动力系统,造成严重事故。

飞机在进近着陆和滑跑过程中,需要下滑引导和方向指导确定飞机位置。完成这些功能要依靠目视助航灯光系统。

在进近着陆过程中,飞行机组会利用跑道周围地形作参考,完成进近着陆。当地形有上坡或者下坡时,飞行机组会出现高于或者低于下滑线的错觉,为了保证适当的发动机功率和速度,飞行机组在超障时因超障余度减小而增加了着陆困难。

为了飞机起降安全,根据飞机的性能和助航设备的性能,对机场及其周围一定的范围,规定了净空障碍物限制的平面和斜面,用以限制机场及其附近的山峰、高地、铁塔、架空电线和建筑的高度。

【案例3-25】

2015年11月3日,台湾桃园机场南跑道因跑道柏油破碎,导致长荣航空一架班机起飞时轮胎卷起柏油石块,击中飞机左边机翼使其受损,影响航班调度。相关部门指出,为了避免再发生类似情况,已决定把跑道端点的沥青柔性路面改成水泥刚性路面,并引进香港机场的雷达监控设备。长荣航空表示,航机左边水平尾翼翼尖受损事件,一定会向桃园机场公司求偿，但更重要的是桃园机场公司要更重视飞机航行安全，这次幸好是发生在窄体机，若是较大型的飞机，结果恐怕更严重。

【案例 3-26】

2002 年 4 月 29 日 9 时 45 分，一只巨大的气球停留在武汉天河机场飞行下滑道内。塔台指挥人员通知下降飞机盘旋等待，导致 4 个到达航班和 4 个出发航班延误。10 时 40 分许，气流风向突然发生改变，气球被吹离滑道，盘旋多时的飞机终于安全降落。

思考题

1. 影响飞行安全的风险因素有哪些？
2. 气压和气温对飞行安全有什么影响？
3. 什么是风切变？风切变有哪些形式？
4. 能见度对飞行安全的影响是什么？
5. 飞机颠簸的原理是什么？
6. 人为因素中的"人"，都包含哪些？
7. 影响飞行安全的机场管理因素都包含哪些？

第四章
客舱安全概述

客舱安全是飞行安全的基本保障。乘务员作为客舱的灵魂人物，只有时刻以安全为前提，严格按照规章要求执行客舱安全程序、遵守客舱安全职责、履行客舱安全管理，才能守护机上人员生命和财产的安全。

第一节　客舱安全管理

一、飞行证件与装具

（一）应携带的证件

乘务员在执行航班任务时，要携带中国民航空勤登机证、中国民航空客舱乘务员训练合格证、航空人员体检合格证和危险品运输训练合格证。当局方检查时，每个携带证件的机组人员应主动出示证件。

此外，根据航空公司要求携带客舱广播词、业务通告、岗位职责指导书、舱门操作检查单以及其他客舱部要求携带的资料。

（二）应携带的装具

应携带的装具包括飞行箱、走时准确的手表、笔、姓名牌等。女乘务员还要携带备份丝袜、围裙、软底鞋、化妆品等。

航空人员体检合格证上注明有"戴矫正镜"者需佩戴角膜接触镜（隐形眼镜），并携带一副与所佩戴矫正镜度数相同的框架式矫正镜。

乘务长还要携带计数器、药盒以及重要单据，包括《机上重大事件报告单》《紧急医学事件报告单》《应急医疗设备和药品使用知情同意书》等。

二、执勤时间要求

机组执勤时间是指从公布的航班时刻前 1 小时 30 分钟开始，至航班结束后机组到达公司安排的机组休息地或飞行基地为止。

按照运行规范规定的最低数量配备客舱乘务员时，执勤期不得超过 14 小时，执勤后应当安排至少 9 个连续小时的休息期。

增加 1 名乘务员，执勤期不得超过 16 小时；增加 2 名乘务员，执勤期不得超过 18 小时；增加 3 名或者 3 名以上乘务员，执勤期不得超过 20 小时。执勤期超过 14 小时的，执勤后应当安排至少 12 个连续小时的休息期。

三、飞行时间限制

- 在任何连续的 7 个日历日内，客舱乘务员的飞行时间不得超过 40 小时。
- 在任何一个日历月内，客舱乘务员的飞行时间不得超过 110 小时。

- 在任何一个日历年内，客舱乘务员的飞行时间不得超过1200小时。

客舱乘务员管理部门不得安排乘务员的飞行任务超过以上时间限制，乘务员也不得接受超过以上时间限制的飞行任务。当发现飞行计划有可能使自己的飞行时间超出日、月、年规定的飞行时间限制时，有责任依据CCAR-121部要求主动报告排班部门进行调整。

四、药物及酒精类饮料的规定

（一）药物

(1) 机组成员不得使用或携带鸦片、海洛因、甲基苯丙胺（冰毒）、吗啡、大麻、可卡因以及国家规定管制的其他能够使人形成瘾癖的麻醉药品和精神药品。

(2) 机组人员如果使用了影响执行任务的能力的药物，则应禁止飞行。有许多常用药物会影响飞行能力，因此机组人员应该向医生询问所开的任何药物是否会有这些作用。

(3) 在值勤前和值勤中不得使用可能造成生理异常或影响正常履行职责的药物。但经航空医师确认的不影响正常履行职责的治疗药物除外。

(4) 使用以下药物须经航空卫生保障部门同意：止痛剂、治喘息药、抗生素（软膏除外）、抗胆碱能剂（用于治疗溃疡的药）、抗凝剂、止吐剂、治肥胖病药、防晕机药、止痒剂（软膏或洗剂除外）、镇痛药、巴比妥酸盐（以及所有其他安眠药）、感冒和咳嗽药、可的松及类似的药（软膏或眼药水除外）、强心剂、利尿剂、痛风药、降压药、胰岛素、肌肉松弛剂、麻醉药、减轻口鼻充血剂、磺胺（非吸收性磺胺除外）、镇静剂或兴奋剂、血管扩张剂。

（二）酒精类饮料

(1) 在计划飞行的12小时内，任何机组人员不得饮用含酒精的饮料，机组人员呼出气体中所含酒精浓度达到或者超过0.04g/210L，或者在酒精作用状态下，不得上岗值勤或者继续留在岗位上。

(2) 机组成员在值勤过程中，不得饮用含酒精的饮料。

(3) 机组人员穿着公司制服时，不得饮用含酒精的饮料或者进入或待在供应含酒精饮料的酒吧或鸡尾酒馆内（餐馆除外）。

(4) 高原机场运行时，机组人员飞行前24小时禁止酒精饮品，避免劳累或过量无氧运动，且有足够的睡眠。

五、健康管理

(1) 机组人员必须对自己的健康负责，对航空人员体检合格证的有效性负责。

(2) 机组人员每 12 个月必须在局方认可的体检机构完成体检。

(3) 达不到航空人员体检合格证所要求的健康水平时，包括存在健康缺陷或处于思维混乱状态，且这种状态可能危机飞机及乘客安全，将不得作为机组必需成员参加飞行工作。

(4) 在值勤前和值勤中不得使用未经航空医师同意使用的、可能造成生理异常或影响正常履行职责的药物（包括处方药和非处方药）；并且不得采用未经航空医师同意的可能影响安全履行职责的治疗方法。

(5) 机组成员按照体检鉴定结论及体检医师建议需在一定时间内、在航空医师监控下持续采取治疗措施或用药的，未得到航空医师确认前，不得自行中断治疗或停止用药，也不得自行变更治疗方法或更换药品。

(6) 机组人员在出现身体不适或遇有自身无法分辨或判断的生理或心理健康问题（包括但不限于疲劳、精神状态不佳、患病、手术、外伤、用药、妊娠、预防接种、饮酒、献血 3 天内、10 米以上深水潜水 48 小时内或借助器械潜水的 24 小时内等可能会影响飞行安全的情况）时，主动以电话形式向航医报告，以得到准确的健康状况判断和治疗建议。

(7) 机组人员在出现上述健康问题时，不得隐瞒或自行采取医疗措施。当客观条件无法满足向航医进行现场咨询的，应报告分管航医，经同意后向有资质的医疗机构进行咨询，并将咨询结果报告给航医中心。

六、机组食品的规定

(1) 机组人员的饮食要符合航空卫生的有关规定和要求。

(2) 食品中毒会影响飞行机组的工作能力，进而影响飞行安全。机组食物应绝对保证机长和副驾驶是完全不同的食物。

(3) 若机长和副驾驶食用同种餐食时，进餐时间必须间隔至少 1 小时。正在控制飞机的机长和副驾驶不得同时进餐。

(4) 机组人员不得携带和食用自行加工制作或购买的食品、饮料等，不应空腹或饱腹参加飞行。应在起飞前一至两小时用餐。餐食最好选用富含碳水化合物和蛋白质的低脂肪食品，应避免食用不易消化的食品和饮用含碳酸的饮料。

第二节 客舱的安全职责

一、机长的安全职责

民用航空运输机长是依据中国民用航空规章取得航线运输驾驶员执照，并被航空运输企业聘为机长的飞行员。

机长应当具有良好的职业道德品质、高度的负责精神、强烈的安全意识、牢固的遵章守法观念、熟练的操作技能、精细的工作作风、严谨的组织纪律以及健康的体魄。

(1) 机长是当班飞机的负责人，对当班飞行活动负责。

(2) 机长对当班机组负有管理责任，在其职权范围内发布的命令，民用航空器所载人员都应当执行。

(3) 民用航空器的操作由机长负责，机长应当严格履行职责。

(4) 机长应当模范遵守并督促机组人员执行法律、法规、规章和标准，以及被批准或加入的国际公约。

(5) 飞行前，机长应当对民用航空器实施必要的检查；未经检查，不得起飞。飞行中，遇特殊情况时，为保证民用航空器及其所载人员和财产的安全，机长有权对民用航空器做出处置。在各个运行阶段和紧急情况中，机长应当严格遵守检查单，并确保遵守运行手册中的操作程序。

(6) 机长发现机组人员不适宜执行飞行任务的，为保证飞行安全，有权提出调整。机长发现民用航空器、机场气象条件等不符合规定，不能保证飞行安全的，有权拒绝起飞。

(7) 飞行中，对于任何破坏民用航空器、扰乱民用航空器内秩序、危害民用航空器所载人员或者财产安全以及其他危及飞行安全的行为，在保证安全的前提下，机长有权采取必要的适当措施。

(8) 在飞行结束后，机长应当负责将所有已知或怀疑的航空器故障向经管人报告。

(9) 机长应当对飞行机组成员名单、机组成员的职责分配、离场和到达地点、离场和到达时间、飞行小时、飞行性质、负责人签名等各项内容的飞行记录负责。

(10) 机长在民用航空器遇险时，有权采取一切必要措施，并指挥机组人员和航空器上其他人员采取应急措施。在必须撤离遇险民用航空器的紧急情况下，首先组织旅客安全离开民用航空器；未经机长允许或旅客未完全撤离航空器的情况下，机组成员不得擅自离开民用航空器；机长应当最后离开民用航空器。

(11) 机长在民用航空器发生事故或严重不安全事件后，应当以现有和最迅速的方法，如实将情况及时报告有关部门。

二、主任乘务长/乘务长的安全职责

在飞行运行期间，乘务长隶属机长领导，执行机长在其职责范围内发布的指令，组织乘务组成员履行客舱安全职责，执行客舱服务程序，安全正常完成公司指派的任务。

(1) 遵守法律法规和公司政策，按照公司手册程序开展工作，保障机上乘员安全。

(2) 对客舱工作进行管理，组织、监督、协调客舱机组成员在执行航班任务中按手册要求履行程序和标准，合理分工。

(3) 服从机长指挥，向机长汇报，保持与飞行机组、客舱机组成员的沟通。

(4) 负责与地面保障部门的协调和沟通，并做好相关交接与记录工作。

(5) 收集旅客反馈信息、航班任务中的信息、客舱设备信息，并做好记录和反馈。

(6) 评估和记录客舱机组表现。

(7) 组织处理客舱中各种不正常情况。

(8) 向公司提出合理化建议。

三、区域乘务长的安全职责

(1) 区域乘务长在主任乘务长的领导下开展工作，协助主任乘务长处理机上客舱安全及服务的有关事宜。

(2) 区域乘务长在服务工作中除承担本区域规定的工作职责外，还应对所管辖区域的客舱安全及服务工作进行全面管理。

(3) 遇有紧急情况及时报告主任乘务长，在机长/主任乘务长的指挥下，确保国家财产和旅客安全。

(4) 检查落实本岗位应急设备和服务设备处于良好或待用状态。

四、乘务员的安全职责

在飞行运行期间，乘务员隶属机长、主任乘务长/乘务长领导，执行机长、主任乘务长/乘务长在其职责范围内发布的指令，履行所在岗位客舱安全职责，执行客舱服务程序。客舱乘务员的主要职责是确保客舱安全。

(1) 遵守法律法规和公司政策，按照公司手册程序开展工作，保障机上乘员安全。

(2) 服从机长、主任乘务长/乘务长管理，向机长、主任乘务长/乘务长汇报，保持与机长、主任乘务长/乘务长和客舱机组成员之间的沟通。

(3) 要求旅客遵守法律法规、公司政策手册和机组指令，维持客舱秩序，协助机长和空中保卫人员做好安全保卫工作。

(4) 在满足和确保安全的前提下，可以为旅客提供适当的服务。如遇有颠簸或其他不正常、不安全的情况，客舱乘务员可以调整、删减服务程序，或不提供服务。

(5) 收集旅客反馈信息、航班运行中的信息和客舱设备信息，向主任乘务长/乘务长汇报。

(6) 处置客舱内各种不正常情况。

(7) 完成必需的训练，确保个人资质符合飞行运行要求。

(8) 按规章和公司相关政策合理安排休息，保证身体和心理健康情况符合飞行要求。

(9) 向公司提出合理化建议。

五、机上指挥权的接替

机组成员的姓名和他们在飞行中所担当的职位，按规定写在每次航班的飞行任务书上，排在飞行任务书上机长栏内的第一位，是该次航班的机长。

在飞行期间，机长对飞机的运作拥有完全的控制权和管理权，这种权力没有限制，当机长由于生病、生理或其他原因丧失指挥能力时，接替指挥、管理权的顺序是第二机长—正驾驶—副驾驶—主任乘务长/乘务长—区域乘务长—头等舱乘务员—普通舱乘务员—实习乘务员。如同一舱位有多名乘务员，则按飞行年限的长短排序，飞行时间越长，接替权越靠前。

【案例 4-1】

2018 年 5 月 14 日早晨 6 时 27 分，四川航空 3U8633 号航班搭载 9 名机组成员和 119 名乘客，从重庆江北国际机场起飞。起飞 40 分钟后，在约 9800 米高空巡航时，驾驶舱右座风挡玻璃爆裂脱落。3U8633 号航班驾驶舱瞬间发生爆炸性减压事件。面对突发状况，机长刘传健等全体机组成员沉着应对，克服高空低压、低温等恶劣环境，终于在事件发生 35 分钟后将飞机安全降落在成都双流机场，机上 128 人均平安落地。2018 年 6 月 8 日，中国民用航空局和四川省决定，授予川航 3U8633 航班"中国民航英雄机组"称号，授予机长刘传健"中国民航英雄机长"称号，享受省级劳动模范待遇。

第三节　客舱的安全程序

一、航前准备与机组协同

（一）航前准备

(1) 乘务长按规定对整组乘务员进行检查，包括飞行证件与装具、酒测结果、仪容仪表等。同时对组员是否服用禁用药品进行目测检查，并进行口头询问，对疑似服用禁用药品的乘务员，须要求其到航医室进行检测，若检测结果不符合飞行要求，乘务长应通知乘务调度进行人员更换。

(2) 乘务长对组员进行号位分工，强调并确保在飞机滑行、起飞、起飞后20分钟内或平飞前、着陆前20分内、着陆时，不从事与安全无关的工作，只履行安全职责。

(3) 乘务长讲解航班注意事项。

(4) 准备应急撤离预案。

(5) 区域乘务长对乘务长未提及的问题进行补充、对后舱的工作进行分工并提出具体要求。

(6) 复习空中安全防卫预案，乘务长对空中保卫人员提出要求抽查组员航线知识、旅客信息、业务通告、应急职责、撤离程序、特情处置、应急设备、急救知识等。

(二)机组协同

机组协同的目的是促进机组成员间的沟通，提高机组成员间的团队精神，保证飞行安全。乘务组和飞行机组必须使用能够顺畅沟通的语言(中文或英文)。长航线轮休时，需确保值班乘务员与飞行机组能够顺畅沟通。

进行机组协同准备时，乘务长须携带《机组乘务组航前协同单》，并带领全体组员一起参与协同，以协同单中列明的内容和顺序与机组进行协同。协同单内容包括：飞行任务、机组成员、机组通讯、机组广播、颠簸处置、滑行时间、起飞前通报、指挥权接替、反劫机预案以及其他需要协同的内容。

乘务组必须于准备会结束后立即与机组进行协同，未召开准备会的航班，乘务组应于进场之前完成与机组协同的任务，如发生机组连飞等特殊情况，协同最晚不得晚于航班旅客登机前进行。协同时间应不少于5分钟。

二、乘务员登机后的准备工作

(一)应急设备检查

(1) 乘务员登机后必须检查核实应急设备的位置、数量，确认其处于待用状态。

应急设备包括：急救医疗器材(氧气瓶、急救箱、应急医疗箱、卫生防疫包)、灭火器材(水灭火瓶、海伦灭火瓶、PBE、洗手间灭火装置、洗手间烟雾探测器)、手电筒、应急定位发射器、扩音器、安全演示包、安全须知、出口座位须知、加长安全带、婴儿安全带、救生船、机组救生衣、备用救生衣、抽查旅客救生衣(延伸跨水飞行)、应急灯适航、内话系统正常、乘务员座椅处于待用标准等。

(2) 各区域客舱乘务员检查核实后，报告乘务长。

(3) 乘务长检查《客舱故障记录本》的内容，如有保留故障向责任机长汇报。

(4) 每次乘务组重新登机后对应急设备进行检查。

(5) 若航前发现应急设备不符合规定要求或有损坏情况，乘务长需填写《客舱故障记录本》，并向机长汇报。

(6) 在执行航班过程中，乘务组应监控旅客动态，在非紧急情况下，禁止旅客私自拿取救生衣等应急设备，若发现旅客有私拿救生衣或其他应急设备行为，应及时制止。

(7) 在飞机过站或旅客下机过程中，监控下机人员的随身携带行李，如发现私拿机上救生衣或其他应急设备时，按相关流程处理。

（二）客舱检查

当所有的清洁、供餐和飞机维护人员离机后，乘务员对自己所负责的区域进行检查。客舱检查内容如下。

(1) 在检查中发现任何可疑的物品不要触动，要立即报告责任机长。

(2) 检查应急出口内部是否有中英文标志。

(3) 检查座椅靠背是否能够调节，安全带能否正常使用。

(4) 检查禁止吸烟标志灯能否正常显示。

(5) 检查餐车是否有制动装置。

(6) 确保洗手间内无外来物品，旅客登机前，洗手间门已经锁闭。

(7) 检查与飞机对接的外部设备（如廊桥、客梯车等）安全，杜绝隐患。

(8) 厨房乘务员检查餐车和储物格，防止夹带危及飞行安全的物品。

三、旅客登机前的准备工作

(1) 完成与机组的协同。

(2) 客舱清舱和服务准备工作已落实。

(3) 供旅客存放物品的行李架已全部打开，机组的行李和飞行箱已经在指定或者合适的位置存放好。

(4) 准备工作完毕后，报告责任机长。

四、旅客登机

(1) 关注旅客登机情况、手提行李及行李摆放，严禁旅客携带锂电池平衡车乘机。

(2) 如果手提物品超出规定,应通知责任机长和地面值机人员进行处理。

(3) 将已载满的行李架关好并锁定。

(4) 应急出口座位监控。当应急出口座位处的旅客到达后,乘务员须第一时间向其做应急出口就座须知,讲解应急出口座位就座注意事项,让旅客仔细阅读"出口座位安全须知卡",并得到旅客的确认。

五、舱门关闭

(1) 关门前,乘务长应确认:机组人员到齐、舱内所有行李已存放在规定的区域、特殊旅客不在应急出口位置、所有文件已齐备、与地面人员核实旅客人数、机上无外来人员。

(2) 乘务长报告机长请求关门,得到机长允许后方可关门。

(3) 根据当地机场的要求,待廊桥或客梯车处于适于飞机关门的状态时,乘务长可将机舱门关闭。

(4) 关闭舱门后,乘务长广播操作滑梯预位口令,乘务员按照口令操作,交叉检查并报告乘务长。

六、起飞前的准备工作

(一) 对旅客进行安全介绍

在舱门关闭后,飞机起飞前,乘务员应对旅客进行有关安全方面的介绍。广播时至少使用中、英文两种语言进行。

(1) 通过广播或录像介绍"限制使用便携式电子设备的规定"和"禁止吸烟"的规定。

(2) 通过乘务员演示或录像方式向旅客介绍客舱安全规定,即安全演示。

(二) 飞机推出停机位

飞机推出停机位,客舱乘务员应进行下列检查:

(1) 确认每位旅客已入位就座,确认每位旅客系好安全带。

(2) 椅背竖直、脚踏板收起、座椅扶手平放、扣好小桌板、拉开遮光板。

(3) 所有隔帘拉开系紧。

(4) 所有行李按照规定放好,确保行李架扣紧,衣帽间、储物柜等储藏空间已锁闭。

(5) 确保应急出口、过道及舱门附近无任何手提行李。

(6) 出口座位旅客符合乘坐规定。

(7) 婴儿被用婴儿安全带固定或由成人抱好。

(8) 确认便携式电子设备已关闭并存放好。

(9) 洗手间无人使用并上锁。

(10) 无人座椅上的安全带和肩带已扣好。

(11) 厨房内所有餐车都在固定位置并扣好锁扣。

(12) 确认烤箱、热水器等非必须使用的电器电源关闭。

(13) 调暗客舱灯光。

（三）飞机滑行时

(1) 注意观察驾驶舱情况及客舱情况，如果发现有影响安全的异常情况，及时报告机长。

(2) 除为了完成保障飞机和机上人员安全的工作外，客舱乘务员应当在规定座位上坐好并系好安全带和肩带。

(3) 回顾应急准备措施。

（四）起飞前

(1) 注意观察驾驶舱及客舱情况。

(2) 再次确认调暗客舱灯光。

(3) 向驾驶舱发出事先约定的"客舱准备就绪"的信号。

(4) 当驾驶舱发出起飞信号后，乘务长发布"乘务员就座"口令。

(5) 乘务员即时进行"起飞前再次确认"的广播。

(6) 乘务员坐在值勤位置上时需系好安全带和肩带。

七、飞行阶段

（一）飞行中

(1) 提示旅客在飞行全程中，就座时要系好安全带。

(2) 低于 3000 m 时遵守"飞行关键阶段"原则。

(3) 起飞后飞机到达巡航高度，颠簸结束后或未发生颠簸也没有预计颠簸的情况下，机组将安全带信号灯熄灭，提示飞机达到平飞状态，乘务员可开展客舱服务工作，允许旅客使用洗手间。

(4) 起飞后 20 分钟安全带信号灯仍未熄灭，未发生颠簸且无预计颠簸的情况下，乘务长应通过内话与驾驶舱核实飞机状态，请示是否可正常开展服务工作。

(5) 保证并全程监控驾驶舱门区、机上各应急出口及客舱洗手间的安全。

(6) 当"系好安全带"信号灯亮起后，及时广播提示旅客系好安全带，乘务员同时应注意自身安全。

(7) 夜间长途飞行时广播通知旅客系好安全带并进行检查。

(8) 劝阻躺在客舱地板上睡觉的旅客。

(9) 客舱内不得使用主动发射信号的电子设备，如对讲机、遥控玩具等。

(10) 不使用的餐车或储物格，必须确保归位、锁定。

(11) 在飞行全程中保持门区和出口区域畅通。

(12) 及时报告所发现的客舱故障。

（二）下降前

(1) 注意驾驶舱情况。

(2) 确认每位旅客在座位上坐好，并系好安全带。

(3) 椅背竖直、脚踏板收起、座椅扶手平放、扣好小桌板、拉开遮光板。

(4) 所有隔帘拉开系紧。

(5) 所有行李按照规定放好，确保行李架扣紧，衣帽间、储物柜等储藏空间已锁闭。

(6) 确保应急出口、过道及舱门附近无任何手提行李。

(7) 婴儿被用婴儿安全带固定或由成人抱好。

(8) 确认便携式电子设备已关闭并存放好。

(9) 洗手间无人使用并上锁。

(10) 无人座椅上的安全带和肩带已扣好。

(11) 厨房内所有餐车都在固定位置并扣好锁扣。

(12) 确认烤箱、热水器等非必须使用的电器电源关闭。

(13) 调暗客舱灯光。

(14) 乘务员完成所负责区域的安全检查工作后立即回到值勤位置上就座，并系好安全带和肩带，并做好客舱监控。乘务组向驾驶舱发出事先约定的"客舱准备就绪"的信号。

(15) 当飞机下降到低于 3000 m 时，遵守"飞行关键阶段"的原则。

八、到达后

(1) 在飞机未到达预定停机位时，乘务员应确认每一位旅客坐在座位上，系好安全带，不得开启行李架。

(2) 飞机完全停稳后，"系好安全带"信号灯熄灭后，乘务长使用广播器下达所有舱门解除滑梯预位的口令，相关客舱乘务员解除滑梯预位，进行交叉检查，使用内话报告乘务长。

(3) 开启舱门。

(4) 旅客下机前，乘务员必须确认满足下客条件（客梯车/廊桥已对接好，摆渡车已到位等）方可下客，安排要客先下飞机；当旅客摆渡车没有到位时，应暂停旅客下机。

(5) 与地面交接特殊旅客、文件和单据。

(6) 检查机上有无旅客遗留物品。

(7) 在旅客全部下飞机前，客舱乘务员不得擅自离机。

(8) 中途过站或飞机地面停留期间，如机上有旅客时，飞行乘务长应确保机上客舱乘务员人数符合实施应急撤离时的要求。

九、机组人员离机

(1) 所负责的舱门滑梯已解除预位。

(2) 客舱清舱完毕，无旅客遗留物品。

(3) 乘务长确认所有有缺陷的客舱设备已登记在《客舱故障记录本》上。

(4) 确认已与下一乘务组交接完毕。

第四节 客舱安全规则

一、飞机应急撤离的能力

(1) 当有旅客在飞机上时，客舱至少有一个地板高度出口在正常或应急情况下供旅客撤离使用。客舱门一定要有客舱乘务员值班，而且地面的滑梯展开区必须没有障碍物。

(2) 载有旅客的飞机在每个可用于应急撤离的出口未做好撤离准备之前，不得移动、起飞或着陆。

二、飞机加油

(1) 当飞机加油时，如果有旅客在飞机上，乘务员必须在客舱内均匀分布，廊桥或者客梯车必须靠在至少一个地板高度出口上。机上必须保留的乘务员的数量，应当至少是该机型乘务员最低安全配置的一半。如果在过站期间该飞机上只保留一名乘务员，则该乘务员应站在客舱登机门的附近。飞机的登机门至少其中一个保持在开位，飞机内外部通道畅通。客梯车或廊桥保持可供所有人员上下飞机时使用。如果没有登机桥或旅客梯，客舱门一定要有客舱乘务员值班，而且地面的滑梯展开区必须没有障碍物，以确保如果发生火灾这类极少见情况时，旅客可以及时疏散。

(2) 飞行机组将客舱内的"严禁吸烟"(NO SMOKING)标志处于"开"状态，"系好安全带"(FASTEN SEAT BELT)标志处于"关"状态，所有"出口"(EXIT)标志处于"接通"状态。

(3) 乘务长要广播通知旅客不允许吸烟，不要系安全带，不得使用手机。

(4) 如果在客舱内闻到燃油的气味等任何可能构成潜在威胁的情况，乘务长应该立即通知驾驶舱或者相关人员停止加油，直到恢复安全为止。

(5) 当飞机在加油期间，旅客滞留飞机上、登机、离机时出现任何危及人员安全的情况，乘务组应立即使用内话系统通知驾驶舱及相关人员，并广播通知旅客，指导旅客从飞机不加油的那一侧门区（提前确认外部无障碍物）撤离。在机上出现火灾的情况下，可以考虑通过所有可用的出口撤离。

(6) 机长必须确保飞行机组成员、维修人员均坚守岗位。应急出口附近区域畅通无阻，消防设施随时可用，厨房设备已固定好，通往出口的撤离通道畅通，并保证地面服务（如食品装机、清扫卫生）不会对紧急疏散造成危险或形成阻碍。

(7) 在飞机加油的开始与结束期间，机长必须与负责监督加油的机组人员和乘务组之间通过飞机内部通讯或其他合适的手段，保持双向通讯通畅，随时注意负责监督加油的机组人员发出的着火警告，必要时下达疏散旅客的指令。

(8) 如果在飞机内探测到燃气或出现任何其他危险，必须立即中止加燃油。如果起火，应迅速撤离机上人员并向机场当局请求帮助。

三、飞行关键阶段

飞行关键阶段是指在地面运行阶段的滑行、起飞、着陆和除巡航飞行以外在3000m以下的飞行阶段。

(1) 在飞行关键阶段，飞行机组不得从事或者承担任何与飞行安全运行无关的活动。这些活动包括进餐、驾驶舱和客舱机组成员之间无关紧要的通话、预定厨房供应品、确认旅客的衔接航班、对旅客进行广告宣传、介绍风景名胜等。

(2) 在飞行关键阶段，除非涉及飞行安全，客舱乘务员禁止进入驾驶舱和与驾驶舱进行联络。客舱乘务员应观察客舱状况，如有异常情况，乘务员应以合适的方式通知驾驶舱。

(3) 必须与驾驶舱联络时，语言应简明扼要，责任机长将决定通话是否应继续。

四、旅客告示

(1) 飞机在地面做任何移动,以及每次起飞、着陆和责任机长认为必要的其他任何时间,"系好安全带"和"禁止吸烟"信号应当接通。当"系好安全带"信号灯亮时,乘务员有权要求每位旅客系好安全带并一直保持系好状态。

(2) 在飞机上的任何人都应当遵守"禁止吸烟"的规定,包括不得在飞机的洗手间吸烟,不得损坏或破坏飞机上洗手间安装的烟雾探测器。为提示旅客,每个洗手间内都安装有一个标志或标牌,其上标明"严禁破坏厕所烟雾探测器"。

(3) 每个旅客座位应都能看到至少一个"系好安全带"的明显信号或者标牌。

五、禁烟告示

(1) 根据中国民航局有关规定,为了客舱环境的清洁、安全,不危害其他旅客的健康,在飞机客舱内严禁抽吸香烟、电子烟及同类产品。

(2) 对于旅客违反禁止吸烟规定的情况乘务员要负责监督和检查。

(3) 对造成机组人身伤害的旅客,乘务长应报告责任机长,由责任机长决定是否通知地面,或要求安排适当的公安人员在登机口接飞机。

(4) 除当吸烟者被告之不许吸烟时立即熄灭香烟的事件外,所有违反吸烟规定的事件均需按规定程序进行记录,情节严重者还应向局方报告。

六、安全带的使用

(1) 当飞机在地面移动、起飞和着陆期间,乘务员应检查督促每名旅客在座椅上坐好,并系好安全带。乘务员必须按规定坐在值勤位置上,系好安全带和肩带,以便在应急撤离时,能够有效地疏散旅客。

(2) 在每个无人的座椅上,若装有安全带和肩带装置,也应当将安全带和肩带扣好。

七、出口座位的安排

出口座位是指旅客从该座位可以不绕过障碍物直接到达出口的座位和旅客从距离最近的过道到达出口必经的成排座位中的每个座位。

(一)对出口座位旅客的要求

有下列情况的旅客,不得安排坐在出口座位:

(1) 旅客因身体原因无法迅速到达、打开或通过应急出口。

(2) 不能理解或完成"出口座位旅客须知卡"所述内容或机组成员口头命令。

(3) 不满 15 周岁。

(4) 缺乏口头表达能力。

(5) 属于精神不正常、行为不能自制的旅客；在押的被管制人员；体重超过 100kg、身高 190cm 以上或明显肥胖的旅客。

（二）出口座位的航前检查

在每个出口座位背后的口袋里都必须备有《出口座位须知》。同时，客舱乘务员应在飞机起飞前提示出口座位旅客进行阅读，以便于进行自我对照。为保证这些旅客能够胜任这些责任，飞行前调查是必要的，并全程监控，确保该位置旅客具备履行相应职责的能力。

（三）对出口座位注意事项的介绍

乘务员须及时对就座出口座位的每位旅客进行出口座位注意事项介绍。介绍内容如下："这是应急出口的操作手柄，根据中国民航法规规定，请不要在正常情况下触碰，并帮助我们监督，不要让其他旅客触碰。在紧急情况下，请听从机组人员指挥，作为我们的援助者，协助打开应急出口。请您仔细阅读《安全须知》和《出口座位须知》。如果您不愿意坐在这里或是不能履行紧急情况时的职责，请您通知我们，我们会为您调换座位。我所说的内容，您是否完全理解？请问您愿意坐在这个位置吗？"

八、储藏间的使用

（一）储藏间区域

(1) 行李架。

(2) 旅客座位下部到前限制区域和侧面到靠走廊座位限制区域。

(3) 衣帽间封闭区域。

（二）手提行李的储藏

(1) 手提行李不能放置在影响机组接近应急设备或阻挡旅客看到信号指示牌的任何区域内。

(2) 不封闭的衣帽间仅能用来放置衣物或悬挂衣袋。手提行李不能放置在此区域的地板上。

(3) 手提行李不能放置在洗手间里。

(4) 每个储藏区域都标明了各自的重量限制，客舱乘务员应在旅客登机时监督安放行李，确保这些储藏区域的重量限制未被超出。

（三）客舱服务用品的储藏

(1) 所有的食品、供应品都应放置在装机规定的区域里，且保证已被固定好，不会因起飞、颠簸、下降而滑出。

(2) 航食人员有责任将不能储放或由客舱乘务员提出的任何物品卸下飞机，如果地服人员或航食人员在离港前没有时间将这些供应品移走，应将这些物品放置在廊桥上，并在航班离港后，由地面工作人员与配餐员一起协作将其移走。

(3) 行李架和旅客座椅下部不得用来存放餐饮用具和设备或其他客舱供应品；烤箱内严禁存放任何服务用品。

九、客舱电源跳开关的处置

电源跳开关在飞机电气系统中执行一种双重功能。主要功能是提供保护，防止一个设备不正常的电气负载所造成的过热引发火灾等安全事故。当与一个跳开关相连接的线路出现了故障，跳开关会自动跳出同时断开电源。

(1) 当某一个或多个电源跳开关自动跳开时，乘务员禁止将跳开关复位，必须向飞行机组报告所有的电气故障和失效情况，然后填写《客舱记录本》报告和记录这一事件。如果乘务员错误地按下已经跳出的开关可能会进一步恶化电气故障，并且增加其他设备发生故障的风险。

(2) 为避免在电器失火时由于不熟悉开关而耽误切断电源的时间，乘务员在直接准备阶段完成各项工作后，应尽快了解客舱各种电器设备跳开关的位置，特别是烤箱、娱乐设备跳开关的位置。

(3) 如果厨房电源整体断电且无跳开关跳出，应将情况报告机长，并填写《客舱记录本》。

思考题

1. 乘务员执行航班任务时需要携带哪些证件？
2. 乘务员的执勤时间要求是什么？
3. 对于乘务员而言，服用药物和饮用酒精类饮料有哪些规定？
4. 简述乘务长的安全职责。
5. 简述乘务员的安全职责。

6. 机上指挥权的接替是什么顺序?

7. 机组协同的内容有哪些?

8. 乘务员登机后的应急设备检查包括哪些?

9. 乘务员登机后的客舱检查包括哪些?

10. 旅客登机时,乘务员有哪些安全工作?

11. 乘务员在起飞前有哪些安全准备工作?

12. 飞机加油时,有哪些注意事项?

13. 什么是飞行关键阶段?

14. 出口座位安排有哪些要求?

15. 手提行李的储藏需要注意哪些问题?

第五章
旅客安全概述

安全是旅客乘机出行的基本需求。由于旅客并不具备充足的航空安全知识,一些有意或无意行为可能已经违反了安全规定。本章从旅客安全管理、旅客运输规则和旅客携带物品乘机规定三个角度全面阐述涉及客舱安全的风险因素。

第一节 旅客安全管理

一、拒绝运输的权利

(一)可以被要求下机的旅客

(1) 旅客不遵守国家的有关法律、政府规章和命令，以及航空公司的规定。

(2) 旅客未能出示或拒绝出示本人有效的身份文件。

(3) 无票和无登机牌的旅客。

(4) 登错机的旅客。

(5) 航空公司认为该旅客的身体或精神条件可能在没有乘务员帮助的情况下，无法理解或执行安全指示。

(6) 有醉酒或吸毒迹象的旅客。

(7) 要求静脉注射者。

(8) 怀孕超过36周(含36周)的孕妇。

(9) 心智不健全的旅客，其行为可能对自身、机组成员或其他旅客造成危险。

(10) 旅客带有非因残疾或疾病发出的异味。

(11) 已知旅客患严重的传染性疾病，且无法出具其已采取必要的预防传染措施。

(12) 穿着打扮可能令其他旅客感到不适或赤脚的旅客。

(13) 不符合旅客运输安全规定的担架旅客。

(14) 不听从机组人员指挥的旅客。

(15) 不管是否有意，做出可能危及飞机或机上旅客安全的任何行为的旅客。

(二)强制旅客下机

(1) 如果所有拉下旅客的方法均告失败，地面工作人员或机长，可以要求当地公安机关拉下旅客。若旅客仍拒绝下机，将被指控为非法侵入，并由当地公安机关带走该旅客。

(2) 如果旅客由于上述任何原因被从航班落下，在航班结束后乘务长应当呈交事件报告给本单位，并上报公司运行控制部门。

(三)可拒绝运输的旅客

(1) 航空公司已经制定了紧急情况下由他人帮助需要帮助的旅客迅速转移到出口的程

序，并有合理的通知要求，而该旅客不遵守程序中的要求。

(2) 该旅客拒绝遵守机组成员按规定发出的执行出口座位限制规定的指令。

(3) 身体残疾，适合于该旅客的唯一座位就是出口座位。

二、旅客应遵守的规则

(1) 乘坐中国国内航空公司航班的旅客都应遵守中华人民共和国法律、法规和航空公司的运行规章。

(2) 如旅客违反了有关法规，应根据公司政策方针委婉劝告他们并要求其执行法规。

(3) 如旅客不能遵守法规，乘务长应立即报告机长，寻求适合的解决方法。

(4) 如旅客拒绝遵守法规，可视为非法干扰行为，立即报告机长，按非法干扰事件处置。

三、特别旅客的管理规则

（一）押解犯罪嫌疑人

(1) 经始发地机场公安机关批准的押解任务。

(2) 同一航班可承运被押解的犯罪嫌疑人不超过三名，押解警力要三倍于被押解人员。

(3) 该航班没有重要旅客乘机或没有警卫任务。

(4) 执行押解任务的执法人员乘机时不得携带武器。先登机后下机，执行押解任务要外松内紧，避免对同机旅客造成不便。

(5) 在押解过程中，执法人员可对被押解人员使用手铐等约束械具，避免械具外露，但在任何情况下都不得将其铐在航空器上的任何部位，包括桌子、椅子等。不允许被押解人员单独行动，防止失控。

(6) 押解的执法人员和被押解人员必须先于其他旅客登机，不得安排在头等舱，应安排在客舱后部，且被押解人员在中间座位，不能靠近或正对任何出口，也不能在机翼上方的应急窗旁。机组人员有权利为了保证客舱安全而调整其座位。到达目的地最后下机。

(7) 不得为执行押解任务的执法人员和被押解人员提供含酒精的饮料、沸水饮料及提供金属、陶瓷、玻璃、钢制等餐具，需用餐饮则事先征求押解的执法人员的意见。

(8) 飞行中，航空安全员应加强巡视，实施全程监控，严防失控。乘务组要利用客舱服务的时机，注意观察动态情况，发现异常应及时报告航空安全员进行处置。

(9) 飞行中发生扰乱或非法干扰行为时，机组应要求押解人员加强对被押解人员的控制，并按预案迅速处置。

(10) 押解任务信息应严格控制，不得向旅客及无关人员透露。

(11) 如果航空公司认为接受该被押解人员将威胁到其他旅客和机组的安全，可拒绝运送。具有下列情形之一的，经航空安全员提出意见，机长决定，可终止或拒绝承运押解任务：押解人员不遵守民用航空安全管理规定的；押解对象不配合押解人员的；采取的防范措施不足以防范干扰航班秩序或者影响航空安全的。

（二）警卫人员携带枪支的乘机规定

(1) 根据民航局规定，警卫人员在执行国家警卫任务时，可以携带武器乘坐民航班机。

(2) 公司运行控制中心或机长只接收来自局方或机场安检部门提供的有关携带武器人员乘机信息及书面文件。飞行签派室运行控制中心接到信息后，应及时将信息或相关书面文件告知或转交航班机长。机长接到警卫人员携带武器乘机的通知后，应将携带武器人员的数量和座位位置通知航空安全员及其他机组人员。

(3) 航空安全员负责核实该警卫人员的持枪证明信和持枪证。

(4) 在无中方警卫人员陪同的情况下，外方警卫人员携带的武器弹药由航空安全员保管；接受武器弹药时，要注意确认枪、弹分离和数量，并当面封存保管，此过程应注意不被旅客发现；保管过程中禁止拆封和摆弄武器，同时要保持警惕，防止武器失控，武器交接时应履行交接确认手续；中方警卫人员携带的武器，以及有中方警卫人员陪同时，外方警卫人员携带的武器，均采取枪、弹分离，自行保管。不得将武器交与他人或放在行李箱内。

(5) 飞行中遇有紧急情况时，由机组负责处置，必要时可寻求警卫人员协助。

(6) 机组人员不得向旅客及无关人员透露警卫人员携枪登机信息，不得向携带武器人员提供含酒精饮料。

(7) 携带武器乘机人转乘本公司另一架航空器，机组人员应将情况及有关文件提供给这架航空器的机组人员。

(8) 携带武器人员登机前，航空安全员应告知其相关规定。

（三）军用包机上携带武器的军人

(1) 飞机租用于转运军队时，以下情况武器可以放在飞机上：

- 所有武器不能上子弹，所有卸下子弹的武器必须锁在一个安全的地方；
- 实行枪弹分离，人枪分离；
- 上飞机之前，负责该部队的指挥官必须通知航空公司机上载有武器。

(2) 不提供含酒精的饮料。

四、旅客携带武器

根据《中华人民共和国民用航空安全保卫条例》三十二条规定，禁止旅客携带枪支、弹药、军械、警械乘坐飞机。

（一）起飞前发现旅客携带武器登机

(1) 报告机长和航空安全员。

(2) 机长、机组配合地面有关当局进行处置。

(3) 飞机不能起飞。

（二）飞行期间发现旅客携带武器

(1) 报告机长和航空安全员，通知机上各区域乘务员提高警惕。

(2) 全体机组做好突发事件处置的准备。

(3) 机长报告地面。

(4) 按机长指令，由航空安全员进行处置，枪、弹分离保管。

(5) 乘务员要注意观察旅客动态，维持好客舱秩序。

(6) 飞机降落后，按上述第(3)条的有关指令执行。

（三）遇有合法"持枪证"携带武器的旅客

(1) 持武器的旅客应人与武器分离乘运。

(2) 主任乘务长/乘务长应事先了解任务性质，以及上级有无特别指示。

(3) 乘务组应听从机长指示。

(4) 子弹、枪支要分开保管。

(5) 乘务员按有关部门要求安排武装旅客就座。

(6) 主动介绍客舱服务设备的使用方法。

(7) 飞机着陆到达停机坪后，由专人交还，并收回运单。

五、对旅客提供含酒精饮料的限制

(1) 除乘务员供应的含酒精饮料之外，任何人不得在飞机上饮用其他含酒精饮料。

(2) 禁止任何处于醉酒状态的人进入飞机，乘务员全程关注可能饮用自带酒水或饮酒过多的旅客。

(3) 乘务员应当严格控制飞机上含酒精饮料的供应量，避免机上人员饮酒过量。

(4) 旅客在航班上购买的酒精饮料，乘务员应在航班落地后交给旅客。

(5) 飞行中禁止向下列人员提供含酒精饮料：

① 表现为醉酒状态的人。

② 押送机密文件人员。

③ 按照适用的飞机安保要求，正在护送别人或被护送的人。

④ 按照适用的飞机安保要求，特准持有致命性或危险性武器的人。

⑤ 未成年人（未满18岁者）。

六、头等舱区域的限制

（一）进入头等舱访友

一般情况下限制经济舱旅客到头等舱访友，乘务员可建议头等舱旅客到经济舱访友。

（二）使用头等舱卫生间

(1) 在飞行中拉好门帘，以避免经济舱旅客进入头等舱。

(2) 提醒欲进入头等舱的经济舱旅客，经济舱卫生间的位置。

(3) 如果旅客已进入了头等舱卫生间区域，则不要再拒绝旅客使用头等舱卫生间，可告知其下次请使用经济舱的卫生间。

(4) 有很多特殊情况，如餐车挡住过道、旅客健康上的原因，特别是在处理老、弱、病、残、孕旅客希望使用头等舱卫生间时，乘务员要根据实际情况灵活处理。

七、机上失窃

(1) 如果在机上发生失窃，乘务员首先要证实且报告乘务长，将以下信息报机长并通知给即将到达的航站：丢失物品及价值、失窃是在机上发生的、是否在有可能丢失的地方查找过、在到站时旅客是否要报案。

(2) 如果旅客要求报案，乘务员要向他确认：警方介入后，旅客会不能按时下机。

(3) 落地后，乘务组做好旅客安抚工作。

第二节　旅客运输规则

一、一般特殊旅客的运输

一般特殊旅客是指需给予特别关心和照顾的旅客，或由于其身体和精神状况需要给予特殊照料，或在一定条件下才能运输的旅客。

（一）婴儿

(1) 出生不满 14 天的婴儿不予承运。

(2) 每一个成年旅客乘机时，携带不超过两名婴儿。

(3) 婴儿需购买婴儿票，不提供座位。

(4) 每位成年旅客携带婴儿超过一名时，超过的人数应购买儿童票，并供给座位。

(5) 每排旅客座位只允许安排一名婴儿(需使用婴儿摇篮的除外)，且婴儿座位不得安排在应急出口座位处。

（二）儿童

(1) 5 周岁至 12 周岁的儿童独自乘机，应办理无成人陪伴服务。

(2) 5 周岁以下的无成人陪伴的儿童，不予承运。

(3) 只接受直达航班的无成人陪伴儿童运输。

(4) 无成人陪伴儿童应安排在便于乘务员照料的座位上，其座位符合客舱安全规定。

(5) 在没有工作人员陪同下，无成人陪伴儿童不得下机。

(6) 12 岁以下散客儿童乘坐航班必须有成人陪伴，且一名成人最多可携带两名 12 岁以下儿童或婴儿。

（三）孕妇

(1) 怀孕不足 32 周的孕妇乘机，除医生诊断不适宜乘机者外，可作一般旅客运输。

(2) 怀孕超过 32 周但不足 36 周的孕妇乘机，应向航空公司提供医生诊断证明。

(3) 怀孕超过 36 周(含)的孕妇，不予运输。

(4) 无论何时怀孕，如有流产或早产先兆者，一般不予运输。

(5) 孕妇应安排在便于乘务员照料的座位上，但不得安排在出口座位处。

【案例 5-1】

- 2009 年 2 月 7 日，由南京返回长沙航班上，一名 29 岁的孕妇突然空中临盆产子，飞机紧急备降。因抢救及时，母子均告平安。
- 2010 年 2 月 18 日，一位怀孕 38 周的孕妇执意乘飞机出行，为避免胎儿出现意外，乘务长耐心规劝，这位准妈妈在航空公司工作人员劝说下放弃登机，结果导致航班延误半小时。
- 2010 年 11 月 17 日凌晨 2 点，怀孕近 8 个月的韩裔美国孕妇在客机升空 8 小时

30 分后,因腹痛向空姐求助,4 名乘务员临时组成了"助产小组"帮助接生。

二、残疾旅客的运输

残疾人是指在心理、生理、人体结构上,某种组织、功能丧失或者不正常,全部或者部分丧失以正常方式从事某种活动能力的人。残疾人包括肢体、精神、智力或感官有长期损伤的人,这些损伤与各种障碍相互作用,可能阻碍残疾人在与他人平等的基础上充分和切实地参加社会活动,具体表现为:视力残疾、听力残疾、言语残疾、肢体残疾、智力残疾、精神残疾、多重残疾和其他残疾的人。

(一)残疾旅客运输总人数的限制

航班上允许载运的,在运输过程中没有陪伴人员,但在紧急撤离时需要他人协助的残疾人数如图 5-1 所示,担架旅客除外。

航班座位数/个	可运输残疾人总数限制/名
51~100	≤2
100~200	≤4
201~400	≤6
400~以上	≤8

图 5-1 航班座位数与可运输残疾人总数对应关系

(二)购票

(1)航空公司及其销售代理人在售票处、售票网络或电话订票系统中设置相应的程序,以便残疾人说明其残疾情况、所需服务及协助要求。

(2)具备乘机条件的残疾人需要航空公司提供下列设备设施或服务时,应在定座时提出,最迟不能晚于航班预计起飞前 48 小时:

① 供航空器上使用的医用氧气;

② 托运电动轮椅;

③ 提供机上专用窄型轮椅;

④ 为具备乘机条件的残疾人团体提供服务;

⑤ 携带服务犬进入客舱。

(三)座位安排

(1)若残疾旅客需要特殊服务,乘务员在不违反航空安全和安保方面规定的前提下,可安排其就坐在便于照料的座位,或按旅客要求安排座位(应急出口座位除外)。

(2) 具备乘机条件的残疾人使用机上轮椅进入客舱后，无法进入带固定扶手的过道座位的，应为其提供一个带活动扶手的过道座位或方便出入的座位。

(3) 除另有规定外，陪伴人员应安排在紧靠残疾人的座位。

(4) 对于腿部活动受限制的具备乘机条件的残疾旅客，应为其提供相应舱位的第一排座位或腿部活动空间大的过道座位。

(5) 当具备乘机条件的残疾旅客与其服务犬同机旅行时，应为其提供相应舱位的第一排或其他适合的座位。

（四）客舱服务

(1) 客舱内播放的语音信息应以书面形式提供给听力残疾人。

(2) 对具备乘机条件的残疾人进行安全须知介绍时，尽可能谨慎和不引人注目。

(3) 可为具备条件的残疾人提供下列服务：

① 协助移动到座位或从座位离开。

② 协助完成就餐准备，例如打开包装、识别食品及食品摆放位置。

③ 协助有部分行走能力的残疾人往返卫生间。

④ 协助放置和取回随身携带物品，包括在客舱存放的助残设备。

(4) 每次起飞前，指定一名乘务员向在紧急情况下需要由他人协助撤离的残疾旅客进行个别的介绍，其内容包括：

① 在紧急情况通往每一个适当出口的通道，以及开始撤离的最佳时间。

② 征询关于帮助该旅客的最适宜方式，以免其进一步受伤或痛苦。

(5) 残疾旅客可以决定其是否需要乘务员特殊照顾，但乘务员在以下情况有权决定是否给予帮助：

① 因精神上不健全而不能理解或遵循安全指导。

② 因病重或残疾而自己不能应急撤离。

③ 因听力或视力的不健全而不能接受必要的指导。

④ 要求其他人员帮助处理医疗事务。

(6) 与地面工作人员联系，是否需要专门的服务项目。

（五）服务犬

(1) 具备乘机条件的残疾旅客携带服务犬，必须在申请定座时提出，经航空公司同意后方可携带；如为联程运输，应取得有关承运人的同意后方可接受。

(2) 符合航空公司运输条件的服务犬可以由具备乘机条件的残疾旅客免费带入客舱运输 (应在登机牌上注明)。

(3) 残疾旅客携带服务犬应提供必要的身份证明和检疫证明。

(4) 根据航班飞行的具体情况,如长距离飞行且中途不着陆的航班或在某一种机型的飞机上不适宜运输服务犬时,航空公司可以拒绝承运服务犬。

(5) 服务犬在运输途中受伤、生病、死亡,均由具备乘机条件的残疾旅客自行负责。

(6) 带进客舱的服务犬应在上机前为其佩戴口套及系上牵引的绳索,不得在客舱内占用座位和让其任意跑动。

(7) 除阻塞紧急撤离的过道或区域外,服务犬应在残疾人的座位处陪伴;当残疾旅客的座位处不能容纳服务犬时,航空公司应向残疾旅客提供一个座位,该座位处可容纳其服务犬。

(8) 服务犬应有装置能防止粪便渗溢,以免污染客舱及其他物品。

(9) 在飞行中除可给服务犬少量饮水外,禁止喂食。若航程较长,需要在中途喂食,应在经停站地面饲喂。饲喂的食物需由残疾旅客自备。

三、传染病旅客的运输

(一) 传染病旅客的分类

(1) 甲类传染病:鼠疫、霍乱。

(2) 按甲类传染病预防和控制的乙类传染病:传染性非典型性肺炎、炭疽中的肺炭疽、人感染高致病性禽流感。

(3) 其他乙类传染病:艾滋病、病毒性肝炎、脊髓灰质炎、甲型 H1N1 流感、麻疹、流行性出血热、狂犬病、流行性乙型脑炎、登革热、炭疽(除肺炭疽)、细菌性和阿米巴性痢疾、肺结核、伤寒和副伤寒、流行性脑脊髓膜炎、百日咳、白喉、新生儿破伤风、猩红热、布鲁氏菌病、淋病、梅毒、钩端螺旋体病、血吸虫病。

(二) 运输原则

航空公司拒绝运输患有甲类传染病和按甲类传染病预防和控制的乙类传染病的旅客;原则上,航空公司不承运其他乙类传染病的旅客,除非旅客能够提供医院出具的医疗证明,该证明对该旅客的病况、隔离情况等有明确说明。符合承运要求的按照普通旅客进行保障。

四、偷渡者

如果一个人隐藏在任何分隔舱内,如卫生间、衣帽间、行李箱内均可被认为是偷渡者。

对偷渡者,处理原则如下:

(1) 不要试图收取他的费用。

(2) 立即报告机长。

(3) 一切可能的信息由机长通知空中交通管制部门。

(4) 离港前,可要求旅客下飞机;离港后,空中交通管制负责协助并搜集有关信息向机长转达另外的指示。

五、更换座位

(1) 为了飞行安全,飞机起飞、着陆前任何人不得随意调换座位,特别是大面积的调换,避免飞机配平失调。

(2) 在航行中,如有空余座位,经乘务长允许,旅客在空中可更换座位,但不能允许不合条件的旅客坐在出口处座位。

六、要求冷藏药品

(1) 如果旅客在航班中要求冷藏药品,可将药品放入盛有冰块的塑料袋内,但绝不能将药品冷藏于厨房柜或冰柜中。

(2) 原则上旅客要求冷藏的药品应自行保管。

七、医疗证明

如果旅客需携带下列物品或具有下列情况者,航空公司将要求其提供医生签署的诊断证明,并有医生签字及医院盖章。

① 重病旅客或在飞行过程中没有额外的医疗协助无法安全地完成航空旅行的病伤旅客。

② 需用早产婴儿保育箱者。

③ 要求在空中使用医用氧气者。

④ 可能在空中有生命危险或要求医疗性护理者。

⑤ 已知有传染性疾病但采取措施可以预防者。

⑥ 担架旅客。

⑦ 患有艾滋病的旅客。

⑧ 有心血管病、糖尿病、高血压等病史的无陪老年旅客。

医疗证明需由县、市级（或相当于这一级）的医疗单位填写旅客的病情及诊断结果，并经医生签字、医院盖章，原件由旅客留存，交由地面工作人员以及客舱乘务员查验。

医疗证明在航班预计起飞时间前 4 天内填开的方为有效；病情严重的旅客，则应具备航班预计起飞时间前 2 天内填开的医疗证明。

八、无签证过境

(1) 无签证过境旅客不是罪犯，他们只是要通过一个他们没有获得签证的国家。

(2) 无签证过境旅客可以无人陪伴旅行。

(3) 除非是换飞机，否则他们不允许在途经城市下飞机。

(4) 接受和运输无签证过境旅客的航空承运人要一直负责运送他们到离境为止，要求其最后一个登机，最先一个下机。

(5) 航空公司地面代理人员负责检查无签证过境旅客须具备的到达国所要求的所有必需文件。在航班上，装有这些文件的信封由乘务长保管。

(6) 负责无签证过境旅客的乘务员须将该旅客和该信封移交给地面相关工作人员。

九、醉酒旅客

(1) 旅客由于饮酒（含麻醉品或其他毒品中毒）过量，航空公司拒绝承运。

(2) 旅客是否属于醉酒旅客，公司可根据旅客的外表、言谈、举止判定。

(3) 对于酒后闹事或可能影响其他旅客旅行的醉酒旅客，航空公司有权拒绝其登机。

(4) 在飞行途中，如发现旅客处于醉态，不适于旅行或妨碍其他旅客旅行时，机长有权令其在下一个经停地点下机。

十、被拒绝入境/遣返旅客

(1) 乘务长接到当地代理人或边防当局的相关信息，由边防当局派人上机进行手续交接。

(2) 乘务长应将情况通报机长、空警/安全员。

(3) 被拒绝入境/遣返者原则上应先登机，乘务长与地面人员在相应单据上进行签字交接。

(4) 乘务长应了解被拒绝入境/遣返者的情况、被拒绝入境/遣返的原因和性质、个人携带物品及人员的情绪状况。

(5) 飞机抵站后乘务长应同机长、空警/航空安全员共同将被拒绝入境/遣返者的相关证件、资料及旅客本人移交边防人员，并在乘务员、空警/安全员相关台账上记录交接情况。

(6) 飞机上有被拒绝入境/遣返者时，在边防人员到达之前，机上乘客不得下机。

(7) 原则上，载运 VIP 或执行保卫任务的航班一般不应同时载运遣返者。

(8) 禁止向被拒绝入境/遣返者提供含酒精的饮料和锋利的餐具。

(9) 被拒绝入境/遣返者不得被安排在出口座位就座。

(10) 运送过程中，机组人员应对被拒绝入境/遣返者实施全程安全监控。

(11) 应清楚被拒绝入境/遣返者人员的情况，具有危险性的情形时，可以拒绝接受被拒绝入境/遣返者乘机。

(12) 被拒绝入境/遣返者不作为囚犯运输。

十一、遗失物品

(1) 在旅客离机后，或在旅客登机前，乘务员在客舱捡到任何有价值的物品时，必须马上报告乘务长进行查看，且需要两人在场，将物品逐一记录。

(2) 乘务长将捡拾物品交给相关部门并保留好收据。

(3) 如果是在途中捡到并证明是该旅客的物品，乘务长确认后归还。

(4) 登机后若旅客提出丢失了贵重物品，乘务员要将丢失物品了解清楚，并尽力提供帮助。

(5) 登机后或登机完毕，如果旅客告知有物品遗失在候机厅等处，视情况尽量帮助旅客，如遇客观因素无法帮助的，应详细记录有关情况报机长联系地面协助解决。

十二、额外占座

（一）额外占座旅客

(1) 应坐在靠近地板高度出口的座位。

(2) 安全带可以扩展或使用备份加长安全带。

(3) 不能坐在出口座位处及紧急窗口座位处。

(4) 根据其占用座位购有机票和一张登机牌（注明占有相应座位数），以一人计数。

（二）额外占座行李

客舱预定占座行李是指旅客为其购票而带入客舱的物品，该物品一般是由于易碎、贵重等原因不能交运，并且体积太大或太重而不能当作手提行李储存。

占座行李的运输规定：

(1) 一般情况下，航空公司不允许在飞机客舱内装载超大行李。旅客必须在定座时提出占座行李的申请，经航空公司和有关承运人同意，方可予以运输。

(2) 旅客购买的占座行李购票应进行定座，占座行李要有带座位号码的登机牌。

(3) 旅客购买的占座行李票没有免费行李额。

(4) 每个座位上承运的占座行李总重量不得超过 75kg，总体积不得超过 40cm×60cm×100cm。

(5) 旅客必须将此类行李放置在预定的座位上。

(6) 客舱占座行李必须用安全带或其他绳带捆绑好，以防止可能的滑动。

(7) 用恰当的方式包装或覆盖好，以防止对其他旅客造成伤害。

(8) 不得妨碍和阻塞任何应急出口或客舱通道。

(9) 不能妨碍其他旅客看见"系好安全带""禁止吸烟"和"出口"信号灯。

(10) 占座行李的座位与该旅客座位应安排在一起，但不能靠近舱门口和紧急出口座位。

第三节　旅客携带物品乘机的规定

一、禁止随身携带及托运的物品

中国民用航空局规定，旅客在中国境内乘坐民航班机禁止随身携带或托运以下物品（见图 5-2）。

图 5-2　禁止随身携带及禁止托运物品示意图

(1) 枪支、军用或警用械具（含主要零部件）及其仿制品。

(2) 爆炸物品，如弹药、烟火制品、爆破器材等及其仿制品。

(3) 管制刀具。

(4) 易燃、易爆物品，如火柴、打火机（气）、酒精、油漆、汽油、煤油、苯、松香油、烟饼等。

(5) 腐蚀性物品，如盐酸、硫酸、硝酸、有液蓄电池等。

(6) 毒害品，如氰化物、剧毒农药等。

(7) 放射性物品，如放射性同位素等。

(8) 其他危害飞行安全的物品，如有强烈刺激气味的物品、可能干扰机上仪表正常工作的强磁化物等。

二、禁止随身携带但可托运的物品

中国民用航空局规定，旅客在中国境内乘坐民航班机禁止随身携带以下物品（见图 5-3），但可放在托运行李中托运。这些物品具体包括：

(1) 菜刀、水果刀、大剪刀、剃刀等生活用刀。

(2) 手术刀、屠宰刀、雕刻刀等专业刀具。

(3) 文艺单位表演用的刀、矛、剑。

(4) 带有加重或有尖钉的手杖、铁头登山杖、棒球棍等体育用品。

(5) 斧、凿、锤、锥、扳手等工具和其他可以用于危害航空器或他人人身安全的锐器、钝器。

(6) 超出可以随身携带的种类或总量限制的液态物品。

图 5-3　禁止随身携带但可托运物品示意图

三、液态物品携带的规定

（一）什么是液态物品

液态物品通常指液体、凝胶及喷雾类（气溶胶）物品，主要包括：

(1) 常见的饮品，例如矿泉水、饮料、汤及糖浆等。

(2) 带有酱汁的食物或酱汁，例如水果罐头等。

(3) 常用化妆品，例如乳霜、护肤液、护肤油、香水及其他类似化妆品。

(4) 喷雾及压缩容器内充物，例如剃须泡沫、香体喷雾、摩丝等。

(5) 膏状物品，例如牙膏、洁面乳等。

(6) 凝胶，例如头发定型及沐浴用的凝胶产品。

(7) 任何稠度相似的溶液及物品，例如隐形眼镜药水、营养口服液等。

（二）乘坐国际及地区航班

(1) 乘坐从中国境内机场始发的国际、地区航班的旅客，其携带的液态物品每件容积不得超过100mL；容器容积超过100mL，即使该容器未装满液体，亦不允许随身携带，需办理交运。盛放液态物品的容器，应置于最大容积不超过1L的、可重新封口的透明塑料袋中。每名旅客每次仅允许携带一个透明塑料袋，超出部分应交运。盛装液态物品的透明塑料袋应单独接受安全检查。符合规定与不符合规定的液态物品，如图5-4和图5-5所示。

(2) 在候机楼免税店或机上所购物品应盛放在封口的透明塑料袋中，且不得自行拆封。旅客应保留购物凭证以备查验。

(3) 婴儿随行的旅客携带液态乳制品，糖尿病或其他疾病患者携带必需的液态药品，经安全检查确认无疑后，可适量携带。

(4) 旅客因违反上述规定造成误机等后果的，责任自负。

图5-4　符合规定的液态物品示意图

图 5-5　不符合规定的液态物品示意图

（三）乘坐国内航班

(1) 乘坐国内航班的旅客一律禁止随身携带液态物品，但可办理交运，其包装应符合民航运输有关规定。

(2) 旅客携带少量旅行自用的化妆品，每种化妆品限带一件，其容器的容积不得超过100mL，并应置于独立袋内，接受开瓶检查。

(3) 来自境外需在中国境内机场过站或中转的旅客，其携带入境的免税液态物品应置于袋体完好无损且封口的透明塑料袋内，并需出示购物凭证，经安全检查确认无疑后方可携带。

(4) 有婴儿随行的旅客，购票时可向航空公司申请，由航空公司在机上免费提供液态乳制品；糖尿病患者或其他患者携带必需的液态物品，经安全检查确认无疑后，交由机组保管。

(5) 旅客因违反上述规定造成误机等后果的，责任自负。

四、打火机与火柴

中国民用航空局规定：禁止旅客随身携带打火机、火柴乘坐民航班机，含国际/地区航班、国内航班，也不可以放在托运行李中托运。

五、锂电池

旅客或机组成员为个人自用内含锂或锂离子电池芯或电池的便携式电子装置，如手表、计算器、照相机、手机、手提电脑、便携式摄像机等，应作为手提行李携带登机。并且锂金属电池的锂含量不得超过2克，锂离子电池的额定能量值不得超过100Wh(瓦特小时)。

超过100Wh但不超过160Wh的，经航空公司批准后可以装在交运行李或手提行李中的设备上。超过 160Wh 的锂电池严禁携带。锂电池的携带要求如图 5-6 所示。

图 5-6　锂电池的携带要求示意图

便携式电子装置的备用电池必须单个做好保护以防短路（放入原零售包装或以其他方式将电极绝缘，如在暴露的电极上贴胶带，或将每个电池放入单独的塑料袋或保护盒当中），并且仅能在手提行李中携带。经航空公司批准的 100～160Wh 的备用锂电池只能携带两个。

旅客和机组成员携带锂离子电池驱动的轮椅或其他类似的代步工具和旅客为医疗用途携带的、内含锂金属或锂离子电池芯或电池的便携式医疗电子装置的，必须依照《危险物品安全航空运输技术细则》的要求携带并经航空公司批准。

六、酒精饮料的携带标准

根据国际民航组织 9284 号文件及《旅客和机组携带危险品的航空运输规范》的要求，关于酒精饮料携带标准规范如下：旅客不应随身携带酒精饮料乘机，但可将酒精饮料作为托运行李交运，其包装应符合民航局的有关规定。

酒精饮料作为托运行李交运时，其数量应符合下列规定。

(1) 酒精体积百分含量小于或等于 24% 的，不受限制。

(2) 酒精体积百分含量在 24%～70%(含 70%) 之间的，每人交运净数量不超过 5L。

(3) 酒精体积百分含量大于 70% 的，不应作为行李交运。

思考题

1. 航空公司可以要求哪些旅客下机？
2. 航空公司可以拒绝运输哪些旅客？
3. 乘务员为旅客提供含酒精饮料有哪些限制？

4. 机上发生失窃事件如何处理？
5. 孕妇的承运要求是什么？
6. 儿童的承运要求是什么？
7. 航空公司对于传染病旅客的运输原则是什么？
8. 遇到航班中有旅客提出要求冷藏药品，乘务员要怎么做？
9. 哪些旅客乘机需要提供医疗证明？
10. 对无签证过境旅客，乘务员怎么处置？
11. 对被拒绝入境/遣返旅客，乘务员怎么处置？
12. 禁止旅客随身携带及托运的物品有哪些？
13. 旅客乘机时，液态物品的携带规定是什么？
14. 旅客乘机时，锂电池的携带规定是什么？
15. 旅客乘机时，酒精饮料的携带标准是什么？

第六章
客舱应急处置

　　航空运输中，保障客舱安全是航空公司运行的根本。由于航空运输的特殊性，飞机从起飞到降落的过程中，任何不安全因素都有可能导致无法预知的严重后果。当飞机出现失火、紧急迫降、应急撤离、客舱释压等危及旅客和飞机安全的突发情况时，乘务员要能做出正确的判断、迅速反应，快速采取有效措施，成为保护旅客人身和财产安全的使者。

第一节 应急撤离

一、应急撤离的基本原则

飞行安全是航空公司考虑的首要问题。一旦发生飞行事故，机组人员有责任将事故所造成的危害降低到最低限度。80%的飞行事故发生在起飞后3分钟和落地前8分钟内，这段时间通常被称为"危险十一分钟"。

实践证明，多数旅客无法在没有机组人员的指导和帮助下迅速逃生。成功处置飞机迫降事件的关键在于全体机组人员，尤其是乘务员在机长指挥下完成撤离的能力。乘务员在飞行过程中，应始终对可能发生的各种紧急情况保持警惕，尽早发现问题，充分估计形势，及时做出决策，争取更多的时间，最终将危害降至最低。

应急撤离的基本原则：①听从机长指挥；②迅速正确判断；③准备处置措施；④随机应变；⑤沉着冷静；⑥维持秩序；⑦团结协作，积极采取有效的处置措施。

二、撤离的指挥权

(1) 通常情况下是由机长发出撤离口令，机上人员才能撤离。

(2) 如果机长失能，机组按机上指挥权的接替规定下达命令。

(3) 乘务长负责客舱指挥。如果乘务长失能，客舱的指挥权按接替规定下达命令。

应急撤离的指挥权如图6-1所示。

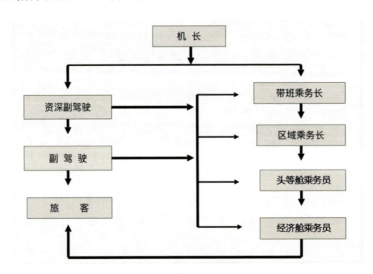

图6-1 应急撤离指挥权

三、应急撤离的分类

航空运输中的应急撤离分为陆地撤离和水上撤离两种。从准备撤离的时间上又分为有准备的应急撤离、有限时间准备的应急撤离和无准备的应急撤离。

（一）有准备的应急撤离

有准备的应急撤离是指发生应急情况时，乘务员有 10 分钟以上的时间做客舱准备和应急广播，并对旅客进行必要的指导和说明。

（二）有限时间准备的应急撤离

有限时间准备的应急撤离是指准备时间不足 10 分钟甚至更少时间内需完成的应急撤离。此时，乘务组仅能就重要撤离程序对旅客进行指导和说明。

（三）无准备的应急撤离

无准备的应急撤离通常发生在飞机起飞或者着陆时没有警告的情况下，在陆地或水上进行的应急着陆，比如终止起飞或冲出跑道等。由于没有时间做准备，乘务员必须在出现第一个撞击迹象时迅速作出反应。这要求乘务员具备准确的判断力和果断的执行力。

四、异常情况下的撤离

如遇飞机遇到以下情况，任何乘务员均有权指挥撤离，撤离前通知驾驶舱。
(1) 机体明显破损。
(2) 烟雾火灾无法控制。
(3) 燃油严重泄漏。
(4) 飞机已在水上停稳。

五、撤离出口的选定

根据机长指示和周围环境以及飞机着陆（水）的姿态决定哪些出口可以使用，哪些出口不可以使用。

（一）陆地迫降

(1) 正常陆地迫降：所有出口均可使用。
(2) 前轮和主轮全部折断：通常机翼出口不能使用，因发动机触地，可能引起火灾。
(3) 前轮折断：所有出口均可使用，但要考虑后机门离地面高度及滑梯长度。

(4) 主轮全部折断：所有出口均可使用，但要考虑前机门离地面高度及滑梯长度。

(5) 主轮一侧折断：飞机侧趴，靠地面一侧的机翼出口不能使用，因发动机触地可能引起火灾。

陆地迫降时的出口选择如图 6-2 所示。

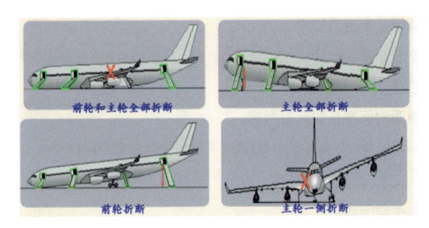

图 6-2　陆地迫降时的出口选择

（二）水上迫降

视飞机浸水情况而定。如有出口不可用，应将此出口的滑梯/滑梯筏转移至可用出口。正常入水，机体无损的情况下，所有出口都能使用。货舱进水时，要考虑机门入水深度，机门入水 5cm 以上，此门不能使用。

需要注意：B737-800L2、R2 门不能打开；A320/319 Ⅲ型门、A321C 型门、A330I 型门一般不使用。

六、撤离时间和撤离方向

（一）撤离时间

(1) 陆地撤离时间为 90 秒钟。此时间是从飞机完全停稳到机上最后一个人撤离为止。

(2) 水上撤离时，飞机入水后，在机体结构未遭到严重破坏时，一般情况头部高、尾部低。飞机在水面漂浮时间最长不会超过 60 分钟。一般情况为 20 分钟，最少 13 分钟，机上人员必须在 13 分钟内撤离完毕。

（二）撤离方向

(1) 陆地撤离应选择在风上侧躲避，远离飞机至少 100m。

(2) 水上撤离应选择在风下侧，离开燃油区和燃烧区。

七、挑选援助者

国际民航组织对援助者的定义是：机组成员选择的旅客，以便如果需要或按需协助管理紧急状况。乘务员可以根据旅客理解指示的能力、身体能力及保持冷静的能力来选择援助者。援助者的作用是帮助需要协助的人员，包括机组人员、残疾人、老人、无人陪伴的儿童、带着多个儿童旅行的单独旅客。

挑选的对象：①加机组成员；②军人、警察、消防人员；③医护人员；④主动提出帮助机组的人员。

八、防冲撞的姿势

（一）背向机头坐的乘务员

背向机头坐的乘务员应系好安全带和肩带，上身挺直，双手手心朝上放于大腿下方，或双臂交叉于胸前，双手用力抓紧肩带，头紧靠椅背，两脚略分开用力蹬地，如图6-3左图所示。

（二）面向机头方向的乘务员

面向机头方向的乘务员应系好安全带和肩带，上身挺直，收紧下颚，双手手心朝上放于大腿下方，或双臂交叉于胸前，双手用力抓紧肩带，两脚略分开用力蹬地，如图6-3右图所示。

图6-3　乘务员的防冲撞姿势

（三）旅客

1.正常座位的旅客

正常座位的旅客应身体前倾，双手叠放紧贴前排靠背，额头放在手背上，两脚用力蹬地，如图6-4①所示。

2. 座椅离客舱壁板较近的旅客

这种旅客应身体前倾，双手叠放紧贴前方壁板，额头放在手背上，两脚用力蹬地，如图 6-4②所示。

3. 座位之间间距较大、前方没有壁板的旅客

这种旅客应身体前倾，头贴在双膝上，双手环抱双腿或抓紧脚踝，两脚用力蹬地，如图 6-4③所示。

4. 携带婴儿的成人

婴儿面朝成人，分腿跨坐，成人身体前倾，一手护住婴儿头颈部，一手紧贴前排靠背，额头放在手背上，两脚用力蹬地，如图 6-4④所示。

5. 孕妇、肥胖者

这种旅客应用毛毯或小枕头垫在腹部，安全带系在大腿根部，双手抓紧座椅扶手，同时收紧下颚，两脚用力蹬地，如图 6-4⑤所示。

6. 儿童

双脚不能着地的儿童，将双手掌心向上压在腿下，膝盖上垫好抱枕，头贴在抱枕上，系好安全带，如图 6-4⑥所示。

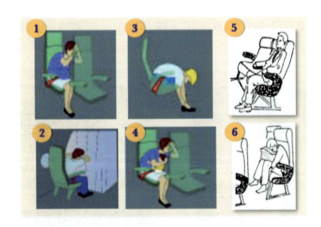

图 6-4　旅客的防冲撞姿势

7. 导盲犬

① 为了防止导盲犬被撞出，用枕头和毛毯在隔板区或在旅客前面的座椅底下铺上垫子。

② 建议旅客卸下导盲犬的挽具并套上皮套。

③ 当把它带到滑梯上时，应当由主人来负责牵住动物。

九、跳滑梯的姿势

（一）正常旅客

正常旅客跳滑梯的姿势是：双臂平举，轻轻握拳、或双手交叉抱臂，从客舱内跳出，落在滑梯内时手臂位置不变。双腿及后脚跟紧贴梯面，上身直立滑到梯底，站起跑开，如图6-5所示。

（二）抱小孩的旅客

抱小孩的旅客应把小孩抱在怀中，坐着滑下飞机。儿童、老人和孕妇也应坐着滑下飞机，但在梯面的姿态与正常旅客相同，如图6-5所示。

图6-5　跳滑梯姿势

（三）伤残旅客

根据自身情况，选择坐滑或由援助者协助坐滑。

十、应急撤离的程序

（一）有准备的应急撤离

1. 机组协同

乘务长从驾驶舱获取应急撤离信息，包括紧急情况的性质、采用的着陆方式、可供准备的时间、客舱准备好以后报告的方式、发出防冲撞姿势口令的方式、发出撤离命令的方式等。

2. 乘务组准备会

乘务长使用内话系统召集组员开会，把机组协同信息传达给所有组员，与组员对表，明确每一位组员的职责，划分负责区域。

3. 通知旅客迫降决定

以客舱广播形式告知旅客飞机准备进行陆地/水上迫降，提示旅客听从乘务员指挥，并协助完成客舱安全检查。

客舱检查工作包括：将灯光调至全亮；检查所有出口，确保其处于待用状态；检查所有卫生间，确保其无人并锁好门；固定厨房设备，关闭厨房电源；取下舱内所有门帘、隔帘、打开遮光板；确认行李架扣好；检查旅客已经系好安全带、收起小桌板和脚踏板、椅背收至正常位置；检查无人乘坐的旅客座位上的安全带都已固定好；关闭娱乐系统；确认旅客娱乐手柄已收好、USB 接口及电源插口未连接设备。

4. 救生衣示范（水上撤离）

乘务员在客舱中为旅客演示如何使用救生衣，以及告知旅客穿戴救生衣的注意事项，如图 6-6 所示。

图 6-6　乘务员演示救生衣使用方法

5. 演示防冲撞姿势

向就座于特殊座位的旅客单独介绍适用于其座位的防冲撞姿势。

6. 介绍脱出口

乘务员在客舱中为责任区域内旅客指示出口位置、紧急撤离灯和荧光线条位置，并确认旅客至少了解两个以上的出口。

7. 取下尖锐物品

(1) 取下随身的尖锐物品，如钢笔、手表、发夹、首饰，解下围巾和领带把它们放入行李内。乘务员取下自身的尖锐物品，如工号牌。

(2) 脱下高跟鞋、带钉的鞋放在行李架上。

(3) 不要把任何东西放进座椅前的口袋里。

(4) 眼镜、假牙、助听器放在自己外衣口袋或袜套里。

8. 挑选援助者

将援助者安排在出口处或需要帮助的旅客旁边就座。每个出口选择 3 名援助者。

9. 客舱最后安全确认、乘务员自身安全确认

乘务员再次检查客舱和厨房，确认撤离时携带物品是否在位，取下尖锐物品，时间允许的话脱下尼龙制品，水上迫降确认救生衣已穿好，调暗客舱灯光，默想后续处置程序，做好心理准备。

10. 高度为 2000 ft 时，乘务员归位

机长下达高度 2000ft 指令时，乘务员回到执勤位，系好肩带和安全带，做好防冲撞准备。

11. 高度为 500 ft 时，下达防冲撞口令，做好防冲撞姿势

机长下达高度 500 ft 指令时，乘务员连续发出三遍中英文防冲撞口令，告知旅客做好防冲撞姿势，同时做好自身防冲撞姿势。

12. 飞机停稳，判断紧急情况

(1) 如遇到机体明显破损、烟雾火灾无法控制、燃油严重泄漏或飞机已在水上停稳的情况，任何乘务员均有权指挥撤离，撤离前应通知驾驶舱。

(2) 听到机组发出"注意，客舱机组各就各位"的口令，乘务员通过口令指挥旅客在座位上坐好，不要动。乘务员到达舱门区域观察、判断。

听到飞行机组发出撤离口令或撤离警告鸣响，乘务组立即发出口令并组织旅客撤离。

(3) 如果乘务组没有听到飞行机组发出口令，立即呼叫飞行机组，如果飞行机组无应答，且客舱没有出现异常情况，乘务组应立即使用紧急密码进入驾驶舱，获取飞行机组指令，如机组已失能，乘务组按照预案立即组织撤离。

13. 确认舱门，判断出口

(1) 确认飞机滑梯操作手柄在 ARMED 位置。

(2) 通过舱门观察窗判断周围环境，确认烟、火、障碍物、水位线等情况。

(3) 根据机长指示和周围环境以及飞机着陆（水）的姿态，选定撤离出口。

14. 开门，组织撤离

(1) 打开舱门及翼上出口。

(2) 拉人工充气手柄，用手抓住扶手封门，确认滑梯充气状况。

(3) 侧向门侧，抓住舱门辅助手柄，发出撤离口令，指挥旅客撤离。

(4) 如果负责区域的舱门无法使用，指挥旅客到其他出口撤离。

15. 清舱

(1) 当旅客撤离完毕后各区域乘务员检查所负责的区域，确认无人后报告乘务长方可撤离。

(2) 乘务长负责检查客舱，陆地迫降从飞机的后舱旅客门撤离，水上迫降从 R1 门撤离。

(3) 机长作最后检查，最后一个撤离飞机。

16. 撤离后工作

(1) 陆地撤离：最先下飞机的乘务员把旅客安排在远离飞机的安全距离之外；将旅客按 10 或 20 人整数分组，清点人数，汇总报告给乘务长/机长；给每组指定一名旅客为组长；机组人员负责协调工作；组织救治伤者，照顾幸存者；使用求救和救生设备。

(2) 水上撤离：除了上述工作外，还要完成下列程序：机上人员全部登筏后，迅速使滑梯筏/救生筏与机体分离，营救落水者，从水中捞起救生包，支撑天棚，联络各筏，固定位置。

17. 不需要撤离

飞机停稳，机长下达不需要撤离的指令，乘务组可通过广播或呼喊的形式发出口令，安抚旅客情绪，告知旅客飞机已经安全，请保持镇定，在座位上坐好等待下一步通知。要特别关注舱门区域，以免误碰舱门。

图 6-7 是有准备的应急撤离程序流程图，包含陆地撤离程序和水上撤离程序。

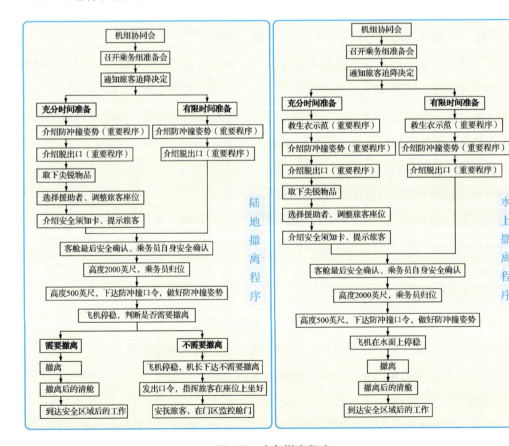

图 6-7　应急撤离程序

（二）无准备的应急撤离

(1) 出现第一个撞击迹象时，迅速作出判断。

(2) 乘务员做好自身防冲撞姿势，发出防冲撞口令，直至飞机完全停稳。

(3) 飞机停稳后，判断是否需要撤离。按照有准备的应急撤离步骤进行操作。

十一、应急撤离的指挥口令

(1) 机长宣布"2000英尺"时，口令："系好安全带！Fasten seatbelt!"

(2) 机长宣布"500英尺"时，口令："弯腰、低头、紧迫用力！Bend over! Brace!"

(3) 飞机紧急着陆后，机长指示不用撤离时，口令："不要惊慌！坐在座位上！Don't panic! Stay in your seat！"

(4) 指挥旅客撤离期间，口令："快！快！Faster! Faster!"

(5) 当旅客通过出口时，口令："一个接一个！跳！Jump slide! One by one!"

(6) 出口已经打开，确认滑梯可以使用，口令："撤离！快！到这边来！Evacuate! Come here this way!"

(7) 当客舱充满烟雾，指挥旅客撤离时，口令："低头！捂住口鼻！随着声音来！跟着灯光走！Stay down! Cover your nose! Follow me!"

(8) 遇到无准备的紧急冲撞时，口令："系好安全带！弯腰低头，紧迫用力！Fasten seat belt! Bend over! Brace!"

第二节　客舱释压

一、客舱压力简介

随着海拔高度增加，气温逐渐降低，气压逐渐下降，空气中的氧气含量也越来越少。如果海拔高度0米时，空气中的含氧量约为20.95%；海拔高度5000米时，空气含氧量只有12.95%，为0海拔空气含氧量的61.8%；海拔高度10000米时，空气含氧量仅剩4.95%，为0海拔空气含氧量的23.6%；当海拔高度超过13930米时，空气含氧量为0%。

飞机的飞行高度一般在10000米（约30000英尺）左右，属于不适合人类生存的高度。为了保证机上人员的安全以及乘坐的舒适性，必须进行客舱增压，就是把压缩空气灌进客舱和驾驶舱。通常，飞机在最大飞行高度下，客舱内的压力与海拔2400米高度的大气压力相同，也被称为客舱高度。

二、客舱释压的类型

由于机体破损、密封泄漏或者增压系统出现故障等情况，会导致飞机客舱释压。通常客舱释压分为缓慢释压和快速释压两种类型。

(1) 缓慢释压指的是逐渐失去客舱压力，可能是因机门或应急窗的密封泄漏或增压系统发生故障而引起的。

(2) 快速释压指的是迅速失去客舱压力，通常在1分钟内发生，可能是因为金属疲劳、炸弹爆炸或武器射击而引起的密封破裂。在极端情况下，如果释压过程在5秒以内，可以把快速释压归类为爆炸性释压。

三、客舱释压时的客舱状态

（一）缓慢释压时的客舱状态

(1) 在门和窗周围可能有光线进入。

(2) 失密的地方有漏气的声响。

(3) 失密警告灯可能亮。

(4) 氧气面罩可能脱落。

(5) 紧急用氧广播开始。

（二）快速释压时的客舱状态

(1) 飞机结构突然损坏，并出现强烈震动。

(2) 有物体在舱内飘飞，可能出现灰尘。

(3) 有很响的气流声及薄雾出现。

(4) 冷空气涌入客舱，客舱温度下降。

(5) 物品被吸入洞口。

(6) 氧气面罩脱落。

(7) 紧急用氧广播开始。

(8) 失密警告灯可能亮。

(9) 飞机作大角度紧急下降。

四、客舱释压时人的表现

（一）最初的生理反应

(1) 缓慢释压时的生理反应：机上人员发困和感到疲劳；耳朵不舒服；有打嗝和排气的现象。

(2) 快速释压时的生理反应：压耳痛。

（二）缺氧症状

我们经常会听到去西藏旅行的人说到"高原反应"一词，高原反应是人进入海拔3000米以上的环境时出现的一种头痛、耳鸣、疲倦、呼吸困难等反应，也被称为高山病。这是由于高原环境空气稀薄、气压降低、含氧量减少导致缺氧而造成的。人在不同海拔高度时的缺氧反应症状不同，如图6-8所示。

高度	症状
海平面	正常
10 000英尺	头痛、疲劳
14 000英尺	发困、头痛、视力减退、肌肉组织不协调、指甲发紫、晕厥
18 000英尺	除上述症状以外，记忆力减退，重复同一动作
22 000英尺	惊厥、虚脱、昏迷、休克
28 000英尺	5分钟之内立即出现虚脱、昏迷

图6-8 不同海拔高度的缺氧症状

客舱释压时的缺氧症状分三个阶段：

(1) 补充阶段：有打哈欠、呼吸加快、脉搏加快的现象出现。

(2) 妨碍阶段：疲乏、昏睡、头痛、晕眩、呼吸短促、平衡与协调机能失调现象出现。

(3) 危机阶段：失去知觉和死亡。

（三）有效知觉时间

有效知觉时间是指人的大脑能够保持足够清醒并能够做出正确判断的时间。在不同的高度，人在静止状态下有效的知觉时间不同，如图6-9所示。

飞机发生客舱释压时，由于含氧量和气压的改变，机上人员可能会面临头痛、耳痛、呼吸困难、昏迷、休克直至死亡的严重后果。所以机上人员必须以最快速度戴上氧气面罩。

高度	有效知觉时间
15 000英尺	30分钟以上
22 000英尺	5—10分钟
25 000英尺	3—5分钟
30 000英尺	1—2分钟
35 000英尺	30秒
40 000英尺	15秒

图 6-9　人在不同高度的有效知觉时间

五、客舱释压的处置

（一）飞行机组对释压做出的直接处置

(1) 戴上氧气面罩。

(2) 把飞行高度迅速下降到大约为 10000 英尺的高度上。

(3) 打开"禁止吸烟"和"系好安全带"的信号灯。

（二）客舱乘务组对释压的直接处置

(1) 停止服务工作，立即戴上最近的氧气面罩。

(2) 迅速坐在就近的座位上，系好安全带。如果没有空座位，则蹲在地上，就近抓住固定结构稳定自己。

(3) 在戴上氧气面罩的情况下，用力拍打旅客座椅靠背或大声呼喊以引起旅客的注意，用明显的肢体手势指导旅客戴上氧气面罩。

(4) 有可能的情况下，大声命令旅客拉下面罩、系好安全带。

(5) 指示已经戴上氧气面罩的成年人帮助周边旅客戴好氧气面罩。

(6) 指示带孩子的旅客要先戴上自己的氧气面罩，然后再给孩子戴氧气面罩。

(7) 尽快向驾驶舱报告客舱情况。

（三）到达安全高度后，进行客舱检查

飞机到达安全高度后，机长宣布可以走动，乘务长根据机长指示及时进行客舱广播，其他乘务员进行客舱检查，并将情况汇总报告驾驶舱。

(1) 携带手提式氧气瓶检查旅客情况和客舱情况。

(2) 首先急救失去知觉的旅客。

(3) 对缺氧旅客使用手提式氧气瓶提供氧气。

(4) 对受伤的旅客或机组人员给予急救。

(5) 检查卫生间内有无旅客。

(6) 检客舱内破损情况以及有无火源。

(7) 如果机身有裂口,重新安置旅客的座位,让他们离开危险的区域。

(8) 在客舱中走动,安抚旅客,让旅客消除恐慌。

(9) 如果可能的话,让旅客把用过的氧气面罩放入座椅前口袋内,不要试图把它们放回或拉出氧气面罩储藏箱。

(10) 及时准确地向机长报告客舱情况:包括客舱有无破损、旅客伤亡情况、客舱有无火灾隐患、乘务组的处置、客舱应急设备使用情况等。

(四)处理客舱释压时应遵循的原则

(1) 氧气面罩的佩戴顺序依次:乘务员、成年旅客、儿童,也可同时进行。

(2) 在释压状态未被解除之前,任何人都应停止活动。

(3) 对有知觉的旅客提供氧气采用直立坐姿;对没有知觉的旅客提供氧气采用仰靠位。

(4) 因为提供氧气,所以准备好灭火设备,防止意外明火引燃发生火灾。

(5) 是否需要紧急着陆或撤离,取决于飞机的状况和机长的决定。

(6) 若飞机在高原机场迫降,所有人员必须保持用氧,直到飞机着陆。

【案例6-1】

2018年7月10日,国航CA106香港至大连的航班发生氧气面罩脱落事件。7月13日,民航局在发布会上给出初步调查结果,系副驾驶因吸电子烟,为防止烟味弥漫到客舱,在没有通知机长的情况下,错误地关闭了循环风扇相邻的空调组件,导致客舱氧气不足,出现座舱高度告警。机组按紧急释压程序进行处理,释放了客舱的氧气面罩。在下降到3000米后,机组发现问题,就恢复了空调组件,增压恢复正常,航班最终在大连机场安全降落。

民航数据软件也显示,CA106航班起飞约40分钟后,高度从约10668米在10分钟内下降到约3048米左右,随后改平开始爬升,分别于约7500米和约8100米平飞一段时间后降落在大连机场。

【案例 6-2】

2020 年 8 月 9 日，深航空客 330-343 型飞机执行深圳至西安航班，在广州区域上升至 9200 米时，出现座舱高度、座舱压力警戒信息，机组依程序处置并宣布紧急下降，在两分钟内高度骤降，下降至 3733 米安全高度，之后返航深圳。经调查，此起事件是因为飞机后货舱门封严条故障造成。

第三节 飞机颠簸

飞机颠簸是飞机在扰动的气流中飞行时，产生震颤、上下抛掷、摇晃、摆头等现象。主要是因为飞机飞入扰动气流区，扰动气流使作用在飞机上的空气动力和力矩失去平衡，飞行高度、飞行速度和飞机姿态等发生突然变化而引起的。

【案例 6-3】

- 2008 年 7 月 4 日，上海航空 FM9105 上海至北京航班，因北京雷雨天气备降天津滨海机场。在备降过程中，下降至 3300 米左右时，突然遭遇强颠簸，造成 8 名乘务员和 14 名乘客受伤。
- 2011 年 8 月 18 日，四川航空 3U8637 重庆至九寨沟航班，飞行途中突遇强气流致飞机发生颠簸，两名旅客与两名正在工作中的乘务员受到轻微擦伤，飞机返航降落至重庆机场。
- 2011 年 9 月，一架港龙航空客机从香港起飞前往泰国普吉岛途中遇上气流。当时机组发出系好安全带指示。飞机受气流冲击如坐过山车般急升急坠，3 名空姐由于照顾旅客，撞伤手脚和背部。
- 2012 年 1 月，澳大利亚航空公司一架空客 A380 飞机在执行从伦敦途经新加坡飞往悉尼航班任务的途中发生剧烈颠簸，导致 7 名乘客受伤。
- 2012 年 5 月，南航一架由广州飞往上海的波音 777 客机，在起飞约半小时后遭遇晴空颠簸，导致 11 人受伤。

一、颠簸的分类

颠簸按剧烈程度可分为三个等级：轻度、中度和严重颠簸。

(1) 轻度颠簸：轻微、快速而且有节奏地上下起伏，没有明显感觉到高度和姿势的变化或飞机有轻微、不规则的高度和姿态变化。

(2) 中度颠簸：快速地上下起伏或摇动、没有明显感觉到飞机高度和姿态的改变，飞机始终在可控范围内。通常这种情况会引起空速波动。

(3) 严重颠簸：飞机的高度和姿态有很大并且急剧的改变。通常空速会有很大波动，飞机可能会短时间失控。

二、颠簸时客舱的表现

(1) 轻度颠簸：机上人员会感到安全带略微有拉紧的感觉；杯内的饮料摇晃但未晃出；餐车移动时略有困难。

(2) 中度颠簸：机上人员明显感到安全带被拉紧；杯内的饮料晃出；行走困难，没有支撑物较难站起；餐车移动困难。

(3) 严重颠簸：机上人员的安全带急剧拉紧；物体摔落或被抛起；不能在客舱中行走。

三、颠簸的防范

（一）防范措施

系好安全带是防止机上人员在颠簸中受伤的高效措施，一定要养成入座后系好安全带的习惯。

（二）航前预案

为做好颠簸受伤的防范，确保乘务组在发生颠簸时能迅速做出相应处置，乘务组在航前准备会要对颠簸的处置进行预案。同时，在航前协同会与飞行机组完成对航班天气、颠簸情况等信息的协同，并明确颠簸时与飞行机组间沟通的方式。

（三）飞行中颠簸信息的传递

飞行机组通过使用标准术语（如铃声、信号等）或广播及时向乘务组传递颠簸信息。乘务组在收到信息后应及时向旅客进行提示。

四、颠簸的处置

（一）机组的处置

(1) 只要有可能，就要避开已知的或预报的严重颠簸区域。

(2) 如果颠簸无法避免，通过调整飞行速度、飞行姿态、飞行高度等飞出颠簸区域。

（二）乘务组的处置

(1) 轻度颠簸：进行客舱广播，检查旅客是否系好安全带。可继续客舱服务，但停止提供热饮，固定餐车和服务用品。

(2) 中度颠簸：进行客舱广播，检查旅客已入座并系好安全带。行李架扣好，零散手提行李已妥善固定。暂停客舱服务，将餐车拉回厨房并锁扣，乘务员返回执勤座位系好安全带及肩带。

(3) 严重颠簸：立即停止客舱服务，原地踩餐车刹车。就近坐好并固定自己或原地蹲下抓住附近固定结构稳定自己。提醒旅客系好安全带。

（三）处置要点

(1) 出现颠簸时，及时广播提示旅客系好安全带，提醒正在使用洗手间的旅客抓好扶手，提醒在客舱中站立、走动的旅客迅速回座位坐好。

(2) 安全带信号灯熄灭后乘务员立即查看机上人员是否有受伤情况，检查客舱设备的受损情况，并立刻报告机长。

(3) 如有人员受伤需立刻按照机上急救程序操作。

【案例 6-4】

2017 年 6 月 18 日凌晨 3 时 45 分，从法国巴黎飞往中国昆明的东航 MU774 航班在刚过乌拉尔入新西伯利亚上空时，突遇气流颠簸。几道闪电过后，飞机遭遇了两次自由落体式的剧烈颠簸，垂直下落 500 米以上，以及多次小颠簸，前后持续 10 多分钟。导致客舱行李架被打开，行李跌落砸到乘客的头部和肩部后又飞起来撞到客舱天花板。未系安全带的人直接被甩到客舱天花板后又跌落下来。包括一名 77 岁的老年女性乘客颈椎损伤、一名 67 岁的老年男性乘客左肩骨折、一名 69 岁的老年男性乘客后颈部受伤、一名 43 岁的女性乘客头皮裂伤、一名 65 岁老人瘫倒在地昏迷不醒等。飞机落地后，先后有 50 名乘客送医，其中 17 人住院，22 人留院观察，如图 6-10 所示。

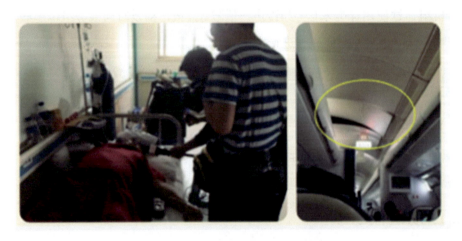

图 6-10　东航 MU774 遭遇严重气流颠簸

第四节　机上火灾与烟雾

一、火灾的危害

火灾是各种自然与社会灾害中发生概率高、突发性强、破坏性大的一种灾害。据国际消防技术委员会对全球火灾调查统计，近年来在世界范围内，每年发生的火灾高达 600 万至 700 万起，有 6 万至 7 万人在火灾中丧生。当今，火灾是世界各国所面临的一个共同的灾难性问题，对人类社会的发展进步、人民的生命及公私财产安全已构成了十分严重的危害。

在民用航空史上，因为空中火灾引起的空难有近 50 起。飞机起火的原因包括人为因素、机械因素、气象因素等多种情况，飞机客舱空间相对狭小，可燃、易燃物多，起火后火势蔓延速度快、扑救困难、容易发生爆炸。同时火灾还容易引发机上人员恐慌，导致飞机失去平衡坠毁。

【案例 6-5】

2019 年 5 月 5 日，一架俄罗斯苏霍伊喷气式客机从莫斯科谢列梅捷沃机场前往俄罗斯西北部城市摩尔曼斯克，机上共有 78 人，包括 73 名乘客和 5 名机组人员。飞机起飞后不久起火，随后机组申请返航，由于当时天气恶劣，飞机在第二次迫降时，才成功落在机场跑道上，落地时飞机起落架折断，发动机起火。事故现场如图 6-11 所示。

图 6-11　事故现场图片 (1)

事故造成41人遇难。俄罗斯卫生部官员表示，大部分受害者是烧伤和吸入有害气体。火灾原因是机上电器设备发生故障导致电线短路。机组人员称，飞机曾在起飞后遭遇雷击，这可能是飞机上电器设备发生故障的原因。

【案例6-6】

2007年8月20日，一架由中国台北起飞前往日本冲绳的台湾中华航空客机，抵达冲绳县那霸机场后，突然起火并冒出浓烟，之后发生爆炸。所幸机上人员在事发后安全离开飞机。

据乘坐该机的一位台湾乘客透露，飞机着陆后乘客正在做下机准备时起火。后来火势渐大，机组人员匆忙打开紧急出口，疏导乘客利用充气滑梯离开。此时，起火后的浓烟已进入机舱，乘客来不及携带手提行李匆忙逃难。最后离机的乘客距离飞机仅100米时，燃烧中的飞机发生爆炸，爆炸声前后共计3次。

事故客机于10时27分，比预定时间提前18分钟降落那霸机场，10时34分移至停机坪，10时35分爆炸起火。火势于11时37分被彻底扑灭，但客机已经被烧成两截并仍有黑烟冒出。据中华航空公司透露，该客机在进入停机坪时，机务曾目击到飞机发生漏油。事故是由飞机引擎燃料泄漏所致。事故现场如图6-12所示。

图6-12　事故现场图片(2)

二、客舱烟雾

（一）烟雾对人的影响

飞机内部由人造化工原料制成，在热源导入、熏烧的情况下会产生大量的毒烟，并会遇热上升。烟雾具有快速扩散的能力，其有毒化学成分能够迅速破坏人体的判断力与表现力，并且能在较短的时间内导致死亡。

（二）烟雾产生的位置

机上较容易出现烟雾的地方是卫生间、厨房、货舱及客舱壁板处。机上电子设备，如锂电池、水加温器、电视屏幕、烤箱等发生故障时产生的烟雾，通常可以直接观察到。但有时可能看不到烟雾，只能闻到特殊气味。

三、火灾的种类

火灾是指在时间或空间上失去控制的燃烧。通常按照可燃物的类型和燃烧特性及火灾损失严重程度分为两类。

（一）按照可燃物的类型和燃烧特性

(1) A 类火灾：是指固体物质火灾。这种物质通常具有有机物性质，一般在燃烧时能产生灼热的余烬。例如木材及木制品、棉、毛、麻、纸张、粮食等物质火灾。

(2) B 类火灾：是指液体或可熔化的固体物质火灾。例如汽油、煤油、原油、甲醇、乙醇、沥青、石蜡等物质火灾。

(3) C 类火灾：指气体火灾。例如煤气、天然气、甲烷、乙烷、氢气、乙炔等气体燃烧或爆炸发生的火灾。

(4) D 类火灾：是指金属火灾。例如钾、钠、镁、钛、钙、锂、铝镁合金等金属火灾。

(5) E 类火灾：是指带电火灾，即物体带电燃烧的火灾。例如变压器、家用电器、电热设备等电气设备以及电线电缆等带电燃烧的火灾。

(6) F 类火灾：是指烹饪器具内的烹饪物火灾。例如烹饪器具内的动物油脂或植物油脂燃烧的火灾。

（二）按照火灾损失严重程度

火灾损失是指火灾导致的直接经济损失和人身伤亡。依据《生产安全事故报告和调查处理条例》（国务院令第 493 号）规定的生产安全事故等级标准，将火灾划分为特别重大火灾、重大火灾、较大火灾和一般火灾四个等级。

(1) 特别重大火灾：是指造成 30 人以上死亡，或者 100 人以上重伤，或者 1 亿元以上直接财产损失的火灾。

(2) 重大火灾：指造成 10 人以上 30 人以下死亡，或者 50 人以上 100 人以下重伤，或者 5000 万元以上 1 亿元以下直接财产损失的火灾。

(3) 较大火灾：是指造成 3 人以上 10 人以下死亡，或者 10 人以上 50 人以下重伤，或者 1000 万元以上 5000 万元以下直接财产损失的火灾。

(4) 一般火灾：是指造成 3 人以下死亡，或者 10 人以下重伤，或者 1000 万元以下直接财产损失的火灾。

（三）机上火灾分为四类

(1) A 类：易燃物品失火，如织物、纸、木、塑料、橡胶等。

(2) B 类：易燃液体失火，如汽油、滑油、油脂、溶剂、油漆等。

(3) C 类：电器设备失火。

(4) D 类：易燃固体失火，如镁、钛、钠等。

四、机上火灾的隐患

(1) 电气设备故障。

(2) 锂电池移动电源。

(3) 客舱或卫生间内有人吸烟。

(4) 烤箱内存有异物或加热时间过长。

(5) 旅客吸氧时。

(6) 旅客携带有易燃物品。

(7) 卫生间内抽水马达故障。

(8) 货舱内装有易燃的货物。

五、灭火的程序

在扑灭任何火灾时，都由三人组成灭火小组，一名负责灭火，一名负责通信联络，一名负责援助。三人灭火小组成员角色并不是一成不变的，可进行互换，三人灭火小组及其他客舱机组成员均应随时观察灭火处置情况，并弥补角色的空缺。

（一）灭火小组的职责

1. 灭火者的职责

(1) 取用相应的灭火瓶灭火，采取必要的自我保护措施。

(2) 呼叫或发出信号给其他乘务员。

(3) 找到火源，对准火源底部释放灭火剂，直至火焰熄灭。

(4) 当火焰熄灭时，弄湿受影响的区域，防止死灰复燃。

2. 通信员的职责

(1) 通过内话向机长汇报火情，注意语言简练、信息清晰。包括：失火的位置及物品；烟或火的颜色、火势大小；烟的浓度、颜色、气味；有无异常响声；对旅客和飞机的影响；乘务员采取的行动；应急设备使用情况。

(2) 保持不间断地与驾驶舱的联系，汇报冒烟和灭火情况，传递机组指示。

(3) 记录处置全过程和时间节点并提交至乘务长。

3. 援助者的职责

(1) 收集其余的灭火瓶。

(2) 戴上防烟面罩，做好接替灭火者工作的准备。

(3) 移开火源区域的可燃物品。

(4) 负责监视余火，保证其无复燃的可能。

（二）一般灭火程序

(1) 寻找火源，确定火的性质。

(2) 切断电源。

(3) 取用相应的灭火瓶灭火，并戴好防烟面罩。

(4) 向机长报告。

(5) 收集所有的灭火设备到火场。

(6) 监视情况，保证余火灭尽。

(7) 灭火后，应将使用过的灭火瓶统一存放在一个密闭的空间。

(8) 填写《客舱记录本》。

六、灭火的要点

(1) 保持驾驶舱门的关闭，并始终保持与驾驶舱的联系。

(2) 搬走火源附近的易燃物，如氧气瓶等。

(3) 不要放下氧气面罩，不要使用氧气设备。

(4) 安抚旅客情绪，避免旅客大面积移动影响配载平衡。

(5) 灭火时应将喷嘴对准火源的底部，由远至近，从外向里，水平移动灭火。

(6) 灭火者要在非烟区戴上防护式呼吸装置，必要时穿上防火衣。

(7) 封闭区域失火，应多次用手背测试温度以判断火情。

(8) 关闭通风孔等隔绝氧气，控制火情。

(9) 随时准备撤离旅客。

(10) 停止通风工作，控制火情。

七、对旅客的保护

(1) 调整火源区旅客座位。

(2) 指挥旅客身体放低，用手或其他布类罩住口鼻呼吸，以避免吸入有毒的气体。

(3) 穿上长袖衣服，防止皮肤暴露。

(4) 保持旅客的情绪稳定。

(5) 根据机长指示，做好应急撤离的准备。

八、机上火灾的处置

（一）卫生间失火

卫生间失火在机上火灾中占较大比例，约45%左右的火灾都是发生在洗手间。失火原因包括旅客吸烟、未熄灭的烟头被投入垃圾箱中、纸巾被扔在垃圾箱附近加热管道上和电器故障等。为控制机上火灾发生的危害，维护和改善民用机场和民用航空器内的公共环境，保护广大旅客的健康，确保飞行安全，1997年12月30日中国民用航空局局务会议通过了《民用机场和民用航空器内禁止吸烟的规定》，自公布之日起施行。

如果卫生间的烟雾探测器报警，表明卫生间发生烟雾或起火的现象，首先应检查洗手间是否有人。

1. 如果有人在洗手间内

如果是乘客吸烟造成烟雾探测器报警，应要求乘客立即熄灭香烟或询问丢弃烟头的位置，开门将烟雾从洗手间内排出则报警解除。乘务员应向吸烟者明确地指出其行为不当，并且通知机长。

2. 如果无人在洗手间内，用手背感觉门的温度

1) 如果门是凉的

(1) 取出就近的灭火瓶。

(2) 小心地打开卫生间，观察火的位置。

(3) 为了压住火焰，可以使用潮湿的毛毯或用海伦灭火瓶对准火源的底部灭火。

(4) 当成功灭火后，通知机长并锁闭卫生间，做好监控。

2) 如果门是热的

(1) 灭火者戴上防护式呼吸装置保护好自己。

(2) 取出灭火瓶。

(3) 将门打开小缝，可以插入灭火瓶喷嘴。

(4) 将灭火剂从门缝喷入。

(5) 关闭卫生间门。

(6) 集中其他灭火瓶，必要时重复执行上述灭火步骤 (3) ~ (5)，直到火被扑灭。

(7) 当灭火成功后，报告机长并锁住卫生间，确保失火区域至少有一名乘务员实施监控，做好再次灭火的准备。

3. 灭火要点

最好使用海伦灭火瓶，打开卫生间门时要小心，防止氧气突然进入，加重火情。

（二）衣帽间失火

1. 隔帘式衣帽间

(1) 通知机长、乘务长和其他组员，并立即戴好防护式呼吸装置，取用海伦灭火瓶进行灭火。

(2) 搬开未烧着的衣物和其他物品。

(3) 检查火是否被扑灭。

(4) 监视衣帽间的物品，保证余火灭尽。

2. 有门式衣帽间

1) 如果门是凉的

(1) 通知机长、乘务长和其他组员，戴好防护式呼吸装置，取出灭火瓶。

(2) 小心打开门，观察失火的位置。

(3) 对准火源的根部喷射灭火剂。

(4) 搬开未烧着的衣服和物品。

(5) 检查已燃烧的物品，保证余火灭尽。

2) 如果门是热的

(1) 通知机长、乘务长和其他组员，保持门的关闭状态。

(2) 当烟雾从门四周溢出时，应用湿毛毯堵住。

(3) 戴好防护式呼吸装置，取出海伦灭火瓶。

(4) 打开衣帽间门之前，如衣帽间门缝有火苗喷出，在衣帽间门周围喷洒灭火剂，以创造惰性气体保护环境。

(5) 站在门前，稍微打开一点衣帽间门，仅够插进灭火器喷嘴即可。

(6) 将灭火剂从门缝喷入。

(7) 关闭衣帽间门。

(8) 集中其他灭火瓶喷射，直至火被扑灭。

(9) 检查已燃烧的物品，保证余火灭尽。

（三）厨房失火

1. 烤炉失火

烤炉失火一般是由于油脂着火或电器故障引起的。电器故障引起的失火具有特殊的酸性气味，油脂燃烧伴有食品烧焦的味道。

(1) 切断烤炉电源。

(2) 保持烤炉门处于关闭状态。

(3) 立即组成三人灭火小组实施灭火。

(4) 如果烤炉四周没有冒出火苗，保持烤炉门关闭，等待烤炉内氧气耗尽；不要把燃烧的物品从烤炉中取出；准备海伦灭火瓶；继续观察，做好灭火准备；不要接通该烤炉电源。

(5) 如果烤炉四周冒出火苗，戴好防护式呼吸装置，取出海伦灭火瓶；打开烤炉门之前，在烤炉周围喷洒灭火剂以创造惰性气体保护环境；稍微打开一点烤炉门，仅够插进灭火器喷嘴即可；将灭火剂从门缝喷入；关闭烤炉门；取出剩余海伦灭火瓶进行灭火，直至火被扑灭；不要再次接通该烤炉电源；派专人监控失火烤炉。

2. 烧水杯失火

(1) 切断电源。

(2) 拔下水杯。

(3) 如果火苗继续存在，使用海伦灭火瓶扑灭火源。

(4) 不要将水倒入过热的烧水杯内。

3. 配电板失火

(1) 通知机长，要求切断厨房电源，同时通知乘务长和其他乘务员。

(2) 用海伦灭火瓶进行灭火。

4. 电气设备失火

(1) 要首先切断电源，拔出相关的断路器。

(2) 用海伦灭火瓶进行灭火。

(3) 灭火后报告机长，确保失火区域至少有　名乘务员实施监控，做好再次灭火的准备。

（四）行李架失火

行李架冒烟或者失火可能是由行李架中的物品或旅客服务组件中电子故障造成的。

(1) 将乘客撤离此区域，同时报告机长。

(2) 用手背感觉行李架表面的温度，找出温度最高的区域，确定烟源/火源位置。

(3) 将行李架打开一条小缝，仅够插进灭火器喷嘴即可。

(4) 将灭火剂喷入行李架内，然后关闭行李架。

(5) 收集剩余灭火瓶，按需要重复(3)、(4)两步灭火，直至火被扑灭。

(6) 灭火后，报告机长，派专人监控该行李架，做好再次灭火的准备。

注意：如果打开行李架的缝隙比较大，烟雾可能污染客舱，并造成在场人员吸入烟雾的危险；灭火剂必须喷入行李架内，而不要喷散至客舱。

（五）便携式电子设备电池失火

便携式电子设备，如笔记本电脑、手机等均配装有锂电池。这些设备在使用、充电或被挤压在行李中时，都有可能起火。电子设备起火可能散发出烟雾或产生火焰，甚至在扑灭后复燃。乘务员应立即灭火、报告机组、收集并传递灭火瓶、做好旅客保护和自我保护、移开易燃易爆物、转移旅客、控制客舱秩序、冷却和浸泡电子设备、持续监控。

（六）隐蔽区域失火

客舱的侧壁面板、地板、天花板和通风口处冒烟可能表明有隐蔽区域失火。

(1) 用手背沿着壁板移动，找出温度最高的区域，确定烟源或者火源。

(2) 立即通知机长并执行其指示。

(3) 保持灭火设备随时可用。

(4) 如果机长指示将壁板撬开，使用应急斧砸进壁板，或使用其他工具撬开能够插进灭火瓶喷嘴的缝隙，但不能用刀刃砍断壁板，因为有可能将主要的电线和液压线割断。

(5) 让乘客撤离此区域。

(6) 将灭火瓶喷嘴插进洞口灭火。

(7) 灭火后，安排专人监控该区域。

（七）旅客座椅失火

旅客座椅冒烟或者失火可能是因为空中娱乐系统、座椅供电系统或者旅客座椅下方的座椅盒导致的。

(1) 通知机长。

(2) 如果只是冒烟，关闭娱乐系统的主电源，不要再次接通相关区域电源。

(3) 如果能看见火焰，使用海伦灭火器执行基本灭火程序。

(4) 扑灭火后，报告机长客舱情况，确保失火区域至少有一名乘务员实施监控，做好再次灭火的准备。

（八）荧光灯整流器失火

荧光灯整流器为上、下侧壁板客舱灯提供电流，长时间使用整流器可能会过热，造成具有明显气味的烟雾。如整流器过热，应首先关灯，然后通知驾驶舱。

第五节　危　险　品

一、危险品的定义

危险品是指能对健康、安全、财产或环境构成危险，并在国际航空运输协会（IATA）技术细则的危险品清单中列明和根据技术细则进行分类的物品或物质。

二、危险品的包装等级

根据危险品所具有的危险性程度不同，危险品被划分为三个包装等级。

Ⅰ级：用于包装危险性较大的物品或物质。

Ⅱ级：用于包装危险性中等的物品或物质。

Ⅲ级：用于包装危险性较小的物品或物质。

危险品的包装等级如图6-13所示。

包装等级	可装危险品的等级
Ⅰ	Ⅰ，Ⅱ，Ⅲ
Ⅱ	Ⅱ 及 Ⅲ
Ⅲ	只限 Ⅲ

图 6-13　危险品包装等级

三、危险品的分类

根据危险品所具有的不同危险性，被分为九类。

第一类：爆炸物品 (1.1-1.6)。

第二类：气体，分为易燃气体 (2.1)、非易燃无毒气体 (2.2)、毒性气体 (2.3)。

第三类：易燃液体，包括易燃液体、减敏的液态爆炸品。

第四类：易燃固体、自燃物质、遇水释放易燃气体物质，分为易燃固体 (4.1)、易于自燃物质 (4.2)、遇水释放易燃气体的物质 (4.3)。

第五类：氧化性物质和有机过氧化物，分为氧化性物质 (5.1)、有机过氧化物 (5.2)。

第六类：毒性物质和感染性物质，分为毒性物质 (6.1)、感染性物质 (6.2)。

第七类：放射性物质，可将放射性物质分为Ⅰ级白色、Ⅱ级黄色、Ⅲ级黄色三个等级

第八类：腐蚀性物质。

第九类：杂项危险物质和物品，包括环境危害物质。杂项危险品指不属于前八类，但在航空运输中具有危险性的物质和物品。

四、危险品的标签

（一）危险品的标签类型

危险品标签分为危险性标签和操作标签两类，如图 6-14 所示。

1. 危险性标签

菱形或一角朝下的正方形，大多数危险品都需要贴此类标签。此类标签上半部有危险品识别标识，下角有分类号。

2. 操作标签

矩形，某些危险品需用这种标签，它可以单独使用，也可以与危险性标签同时使用。

危险性标签

操作标签

图 6-14　危险品标签

（二）危险品危险性标签图片

(1) 第一类：爆炸物品，其标签如图 6-15 所示。

图 6-15　第一类危险品标签

(2) 第二类：气体，其标签如图 6-16 所示。

图 6-16　第二类危险品标签

(3) 第三类：易燃液体，其标签如图 6-17 所示。

图 6-17　第三类危险品标签

(4) 第四类：易燃固体、自燃物质、遇水释放易燃气体物质，其标签如图 6-18 所示。

图 6-18　第四类危险品标签

(5) 第五类：氧化性物质和有机过氧化物，其标签如图 6-19 所示。

图 6-19　第五类危险品标签

(6) 第六类：毒性物质和感染性物质，其标签如图 6-20 所示。

图 6-20　第六类危险品标签

(7) 第七类：放射性物质，其标签如图 6-21 所示。

图 6-21　第七类危险品标签

(8) 第八类：腐蚀性物质，其标签如图 6-22 所示。

(9) 第九类：杂项危险物品，其标签如图 6-23 所示。

图 6-22　第八类危险品标签

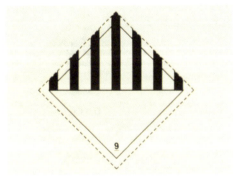

图 6-23　第九类危险品标签

（三）危险品操作标签图片

危险品操作标签图片如图 6-24 所示。

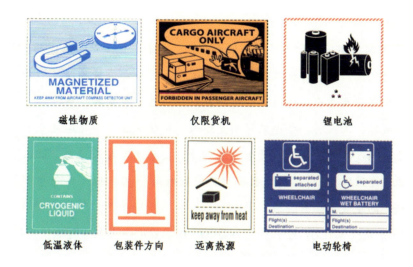

图 6-24 危险品操作标签

五、危险品的处置

（一）飞机上发现危险品的处理

(1) 如果在客舱内发现贴危险品标签或标志的行李，立即报告机长。在整个处理过程中随时与驾驶舱保持联系。

(2) 确认危险品的性质，可以通过询问旅客了解情况。

(3) 打开客舱所有通风孔，增加客舱内的空气循环，以确保客舱内有毒气体排出。如有可能，为每位旅客准备一条湿毛巾捂住口鼻。

(4) 准备好海伦灭火瓶，随时扑灭因危险品溢出或挥发可能造成的火灾。

(5) 用毛毯、聚乙烯袋将危险品包装好后，移至飞机右后舱门处，即危害最小的位置。

(6) 记录危险品的处理经过和发现时间以备地面人员查询。

(7) 做好着陆后的应急撤离准备。

（二）处理危险品应遵循的原则

(1) 接触危险品时应戴好橡胶手套和防护式呼吸装置。

(2) 当渗漏的危险品发生反应时，可用毛毯、聚乙烯袋包装危险品，不要用布擦拭，避免伤害皮肤。

(3) 处理过程中，出现火情也不要关闭通风孔，否则旅客会因缺氧和毒气窒息。

(4) 处理完毕后不能直接用水，先用湿毛巾等含水物品擦拭手背，待无发热、灼伤等现象后才可用水清洗。避免被污染物直接与水接触发生反应伤害皮肤。

【案例 6-7】

- 1973 美国加州一家电子厂将一批由零件、设备和化工产品组成的货物运往位于苏格兰的工厂。一部分从加利福尼亚运出,另一部分货物包括 160 只装有硝酸的木箱从新泽西运出。这两部分货物在纽约组成一票货物,申报为"电子设备"。在拼板时,工人将一些包装件倒置过来,拼板完成 5 小时后装上了飞机。飞机到达巡航高度不久,机组人员闻到了烟味。由于烟雾越来越大,机组决定在波士顿机场紧急迫降。在降落的过程中飞机撞到地面,3 名机组人员全部罹难,飞机坠毁,货物抛洒在波士顿湾。
- 1996 年美国 VALUE JET 航空公司 592 航班 (DC-9 飞机) 运输使用过的氧气发生器,因氧气发生器意外发生反应,造成货舱内剧烈燃烧,592 航班在起飞后 15 分钟坠毁,机上 110 名乘客和机组人员全部罹难。

【案例 6-8】

2019 年 8 月 27 日,从北京飞往东京的国航 CA183 航班,在旅客登机过程中,发现飞机前货舱冒烟,随后蔓延到客舱。机组迅速采取灭火措施并组织全部旅客安全撤离。现场人士表示飞机起火后火势迅速蔓延,"机头上部已经烧穿,飞机结构可能已经被破坏"。起火原因初步估计是由于锂电池货物爆炸导致。最大可能性是旅客行李中有危险品,违规装入托运行李中,在装机过程中发生意外,引发火灾。唯一值得庆幸的是不在空中,否则后果不堪设想!事故现场如图 6-25 所示。

图 6-25 事故现场图片

思考题

1. 应急撤离基本原则是什么?
2. "危险十一分钟"指的是什么?

3. 撤离指挥权的顺序是什么？
4. 应急撤离分类有哪些？
5. 异常情况下的撤离有哪些？
6. 陆地迫降时，撤离出口的选择要注意什么？
7. 撤离时间规定是多少？
8. 怎么选择撤离方向？
9. 挑选援助者时，首选哪些人？
10. 撤离时，有几种防冲撞姿势？
11. 简述有准备的应急撤离程序。
12. 简述无准备的应急撤离程序。
13. 简述应急撤离指挥口令。
14. 什么是客舱释压？
15. 客舱释压有几种类型？
16. 客舱释压时，人的表现是什么？
17. 客舱释压时，客舱状态是什么？
18. 客舱释压后，当飞机到达安全高度时，乘务员要做哪些工作？
19. 处理客舱释压时应遵循哪些原则？
20. 飞机颠簸有几种类型？
21. 如何预防飞机颠簸？
22. 机上火灾有几种类型？
23. 简述机上灭火程序。
24. 简述机上灭火要点。
25. 如何处置卫生间失火？
26. 如何处置衣帽间失火？
27. 如何处置厨房烧水杯失火？
28. 如何处置便携式电子设备电池失火？
29. 什么是危险品？
30. 简述危险品的分类。
31. 危险品标签类型有哪些？
32. 处理危险品要遵循哪些原则？

第七章
航空安全保卫

　　航空安全主要体现于飞行安全。一般认为的飞行安全问题，主要是由航空器本身的性能、相关人员的操作以及环境影响造成的。虽然随着航空科技的进步，飞行安全水平得到了很大的提升，但威胁和干扰航空运输的违法犯罪行为也日益凸显，甚至恐怖主义袭击活动也对航空安全造成了很大的危害。尤其是"9·11事件"之后，航空安保问题受到了国际民航组织的高度重视。目前，航空安保已经是民用航空的重要组成部分。

第一节　航空安全保卫概述

一、引入案例

【案例 7-1：9·11 事件】

"9·11"事件是发生在美国本土的最为严重的恐怖袭击行动,遇难者总数高达 2996 人。

2001 年 9 月 11 日 9 时左右,两架被恐怖分子劫持的民航客机——美国航空 11 号航班和联合航空 175 号航班,分别撞向纽约世贸中心 1 号楼和 2 号楼,两座建筑在遭到攻击后相继倒塌,世贸中心其余 5 座建筑物也受震而坍塌损毁,如图 7-1 所示。

同一时间,一架被劫持的美国航空 77 号航班客机,撞向位于华盛顿的美国国防部五角大楼,五角大楼局部结构损坏并坍塌。另一架联合航空 93 号航班客机,在机组和乘客的反击下,坠毁在宾夕法尼亚州尚克斯维尔的一片空地上,距离华盛顿特区只有约 20 分钟飞行时间。

图 7-1　"9·11"事件现场图片

【案例 7-2：洛克比空难】

1988 年 12 月 22 日,美国泛美航空公司 PA103 航班执行法兰克福—伦敦—纽约—底特律航线,它成为恐怖袭击的目标。在飞机进入苏格兰领空数分钟后,航行高度 9100 米时,前货舱里的塑胶炸药被引爆,触发起连串事件,令飞机在英国边境洛克比小镇上空爆炸解体。巨大火球从天而降,砸在小镇的谢伍德新月广场上,航班上 259 名乘客和 11 名机组人员全部罹难，地面上 11 名洛克比居民死于非命。空难现场如图 7-2 所示。这次空难被视为利比亚针对美国的一次报复性恐怖袭击，此次事件亦重挫泛美航空的营运，该公司在空难发生的三年之后宣告破产。

图 7-2 洛克比空难现场图片

【案例 7-3：法航 12·24 劫机事件】

1994 年 12 月 24 日，法国航空 8969 号班机从阿尔及利亚首都阿尔及尔飞往法国巴黎。在阿尔及尔起飞前被四名伊斯兰武装组织 (Groupe Islamique Armé，GIA) 成员劫持。

持续至 12 月 26 日，在马赛国际机场被法国国家宪兵特勤队 (GIGN) 成功解救。事件共造成 9 名 GIGN 队员及 13 名乘客受伤、4 名劫机者在马赛被杀、3 名乘客在阿尔及利亚被杀。图 7-3 所示为飞机机头部位的弹孔。

图 7-3 飞机机头部位的弹孔

【案例 7-4：广州白云机场劫机事件】

1990 年 10 月 2 日，一架从厦门飞往广州的厦门航空公司 8301 航班上，21 岁的蒋晓峰闯入驾驶舱，利用藏在夹克里的爆炸物威胁飞行员将飞机开往台湾寻求政治庇护。飞行员并没有打算满足他的劫机要求，并试图使其相信飞机上没有足够的燃料，继续飞往广州，并寻求机会降落。劫机犯随后试图袭击飞行员并独自驾机未果。在飞行员试图降落时，这架波音737撞上了另两架飞机而起火。灾难造成128名乘客遇难。

【案例7-5：大连5·7空难】

2002年5月7号20时40分，中国北方航空公司的一架麦道-82飞机从北京起飞，执行北京飞往大连的CJ6136航班。机上共有乘客103人，其中有7名外国籍旅客，另有机组成员9人。21时32分，大连周水子机场接到当时在大连海滨傅家庄上空的飞机报告，称机舱内失火，此后便与机场失去联系。21时37分，海上一艘渔船通过电话向大连海上搜救中心报告，称在傅家庄上空，一架民航客机失火。21时40分，飞机坠落在大连港外侧海面。21时50分，各相关部门立即展开了救援行动，在当地驻军的支持下，海事、边防等部门共出动了40多艘船只在飞机失事海域进行搜救。搜救结果，机上112人全部遇难，成为震惊中外的"5·7空难"。空难事故现场如图7-4所示。随后各相关部门全力组织事故处理和调查工作。2002年12月7日，新华社发布消息称，通过调查，并经周密核实，认定空难是一起由于乘客张丕林纵火造成的破坏事件。

图7-4　空难事故现场图片

二、航空安全保卫的概念

航空安全保卫简称航空安保(Security)，《国际民用航空公约》附件17——《保安》中对航空安保的定义是：为保护民用航空免受非法干扰行为而采取的措施和使用的人力、物力资源的总和。这是一个很宽泛的概念。定义中的"非法干扰行为"是以列举的形式出现，并随着危及民用航空的人为故意破坏方式不断演变而增设。

在2006年4月1日生效的第八版《国际民用航空公约》附件17中，列举的非法干扰行为有6种，包括：①非法劫持飞行中的航空器；②非法劫持地面上的航空器；③在航空器或机场内劫持人质；④强行闯入航空器、机场或航空设施场所；⑤为犯罪目的而将武器或危险装置或器材引入航空器或机场；⑥发布虚假信息，危及飞行中或者地面上的航空器、机场或民航设施场所的旅客、机组人员、地面人员或大众的安全。2010年11月，国际民用航空组织第 191 届理事会第 2 次会议通过了对《国际民用航空公约》附件 17 的第 12 次修订。对"非法干扰行为"增加了"毁坏使用中的航空器"和"利用使用中的航空器造成死亡、严重人身伤害，或对财产或环境的严重破坏"的内容。

对航空安保概念的理解与狭义的航空安全不同。狭义的航空安全侧重于生产安全，如飞行安全、维修安全，不涉及人为故意破坏因素。而航空安保起源于暴力危及航空安全的行为，防范的是直接或间接危及民用航空的破坏行为。

三、航空安全保卫的法律法规

（一）国际条约

为阻止威胁或破坏民用航空的安全运行，以及非法劫持航空器行为的发生，国际民用航空组织成员国先后签订了一列的公约和协定书，对干扰航空器正常运行的犯罪行为做出了明确规范。

1.《东京公约》

1963 年 9 月 14 日，在日本东京签订的《关于在航空器内犯罪和某些其他行为的公约》，简称《东京公约》。公约分 7 章 26 条，第一次试图对有关在航空器内发生的行为加以解决。《东京公约》保证，在缔约国的航空器内犯有"违反刑法的罪行""危害或可能危害航空器内正常秩序和纪律的行为"的人，无论是在飞行中、公海上，或在不属于任何国家领土的其他地区内，不致因为任何国家不对其加以逮捕和审理而逃避惩罚。但政治性犯罪除外。我国于 1978 年加入《东京公约》。

2.《海牙公约》

20 世纪 60 年代末，空中劫持的规模增大，发生劫持的次数增多，事态日趋严重。1970 年 12 月 16 日，在荷兰海牙签订了《制止非法劫持航空器公约》，简称《海牙公约》。该公约共有 14 条。公约规定：在飞行中的航空器内的任何人，如果用武力或用外力威胁，或用任何其他恐吓形式，非法劫持或控制该航空器，或企图采取任何这种行为，都是犯罪。对犯有或企图犯有任何这种行为的人和从犯，按照公约规定，各缔约国应积极给予最大限度的司法协助，对这种犯罪给予严厉的惩罚。我国于 1980 年加入《海牙公约》。

3.《蒙特利尔公约》

1971 年 9 月 23 日，国际民用航空组织在加拿大蒙特利尔签订了《制止危害民用航空安全的非法行为的公约》，简称《蒙特利尔公约》，针对《海牙公约》中规定的对象仅限于"飞行中"劫持,对危害民用航空安全的罪行作了进一步的规定。公约共16条。公约规定:任何人非法地和故意地实施暴力行为,破坏使用中的航空器;在使用中的航空器内放置或使他人放置一种装置,破坏该航空器;破坏或损坏航行设施或扰乱其工作;传送他明知是虚假的情报,都被称为犯罪。各缔约国承允以严厉刑罚惩治。我国于1980年加入《蒙特利尔公约》。

4.《蒙特利尔议定书》

《蒙特利尔议定书》是《制止在为国际民用航空服务的机场上的非法暴力行为的议定书》的简称,1988年2月24日签订于蒙特利尔,作为《蒙特利尔公约》的补充。该议定书用以制裁破坏或严重损坏国际民用航空机场的设备、停在机坪上未处于使用中的航空器、中断机场服务或危及机场安全的行为。该议定书扩展了《蒙特利尔公约》对犯罪行为的规定。我国于1998年加入《蒙特利尔议定书》。

5.《北京公约》与《北京议定书》

2010年9月,国际航空保安公约外交大会在北京召开,审议通过了《制止与国际民用航空有关的非法行为的公约》和《制止非法劫持航空器的补充议定书》,简称《北京公约》和《北京议定书》。《北京公约》取代了《蒙特利尔公约》及《蒙特利尔议定书》,《北京议定书》修订了《海牙公约》不完善之处。

《北京公约》和《北京议定书》弥补了此前公约存在的不足和空白,将新出现的对航空运输业安全构成威胁的犯罪行为予以刑事定罪,将联合国反恐公约体系中的许多既有法律制度移植到公约和议定书中,进一步从实体法和程序法的角度来完善国际航空刑法,以便应对将航空器用作武器或对航空器实施化学、生物和放射性攻击等新的和正在出现的威胁,还关注了大规模杀伤性武器的非法运输问题,将扩大对恐怖行为的打击范围,加大打击力度,保障国际航空运输业的安全、持续、健康和有序发展。

(二)我国法律法规

中国民用航空局公安局《关于维护民用航空秩序保障航空运输安全的通告》中指出,旅客、货物托运人和收货人以及其他进入机场的人员,应当遵守民用航空安全管理的法律、法规和规章。对于违反通告规定的,公安机关将根据《中华人民共和国治安管理处罚法》《中华人民共和国居民身份证法》《中华人民共和国民用航空安全保卫条例》给予警告、罚款、拘留的处罚;构成犯罪的,依照《中华人民共和国刑法》追究刑事责任;给单位或者个人造成财产损失的,依法承担赔偿责任。

1. 《中华人民共和国民用航空法》

《中华人民共和国民用航空法》1996年3月1日起生效施行，是我国第一部规范民用航空活动的法律，为民用航空活动安全和有秩序地进行提供了强有力的法律保障。该法共有16章，对民用航空器国籍、权利、适航管理以及航空人员、民用机场、空中航行、公共运输、通用航空和事故调查、损害赔偿责任等都做了分章规定，涵盖了民用航空活动的方方面面。

2. 《中华人民共和国民用航空安全保卫条例》

《中华人民共和国民用航空安全保卫条例》是为了防止对民用航空活动的非法干扰，维护民用航空秩序，保障民用航空安全制定的条例。该条例对加强民用航空安全保卫，保护旅客人身和财产安全以及正常的民用航空秩序起到了积极作用。该条例共六章四十条内容。

3. 《中华人民共和国刑法》

《中华人民共和国刑法》是为了惩罚犯罪、保护人民，根据宪法，结合我国同犯罪做斗争的具体经验及实际情况制定的法律。与民用航空相关的内容包括：破坏交通工具罪（第一百一十六条和第一百一十七条）；劫持航空器罪（第一百二十条）；暴力危及飞行安全罪（第一百二十三条）。

4. 《中华人民共和国治安管理处罚法》

《中华人民共和国治安管理处罚法》是为维护社会治安秩序，保障公共安全，保护公民、法人和其他组织的合法权益，规范和保障公安机关及人民警察依法履行治安管理职责制定的法律。涉及民用航空的有第二十三条和第三十四条。如第三十四条：盗窃、损坏、擅自移动使用中的航空设施，或者强行进入航空器驾驶舱的，处10日以上15日以下拘留。在使用中的航空器上使用可能影响导航系统正常功能的器具、工具，不听劝阻的，处5日以下拘留或者500元以下罚款。

四、航空安保管理体系

航空安全保卫涉及民航机场、航空器、航班以及旅客和地面人员的安全，这项工作随着民航运输量和国际安全形势的变化而显得日益复杂。空防安全工作的一个小疏忽有可能导致无法挽回的大灾难，正所谓"千里之堤，溃于蚁穴"。

2006年，国际民用航空组织通过决议，要求各缔约国应强制要求其公共航空运输企业、通用航空运输企业、民用机场、空管单位和维修企业实施被局方接受的安全管理体系。同时，国际民用航空组织非法干扰委员会要求航空安保专家组评估建设安保管理体系（Security Management System，SeMS），并制定相应的指导性文件。

(一) SeMS 的概念

SeMS 是根据安保政策和目标对安保管理的各要素进行策划，建立组织结构，以信息为驱动，以威胁评估和风险管理为基础，分析并建立安保过程并配置相应资源，实现从事后到事前、从个人到组织、从局部到系统的安保闭环管理。

(二) 建设 SeMS 的目的

(1) 倡导积极的安保文化，将安保管理的政策、程序和标准转化为全体员工共同的价值观和行为方式。

(2) 建立动态的安保绩效评估机制，对安保绩效实时监控，建立安保管理持续改进机制，促进安保水平的不断提升，实现持续安全。

(3) 建立威胁评估和风险管理机制，实施主动的和预防性的安保管理。

(4) 对航空安保的组织管理进行整合与完善，促进部门之间、单位之间的运行协作，提高运行管理效率。

(三) SeMS 的组成要素

SeMS 包括安保政策、安保目标、安保策划、绩效监测、管理评审、组织结构、职责与权限、资源配置、威胁评估、危险识别、风险评价、风险缓解、文件及控制、信息与沟通、能力与培训、质量控制、应急响应等要素。这些要素可以归纳为目标管理体系、组织保障体系、风险管理体系和运行管理体系。

第二节　中国民航空防安全

航空安保是国际通用术语，而我国的习惯用语是空防安全。空防安全是指为了有效预防和制止人为地非法干扰民用航空的犯罪与行为，保证民用航空活动安全、正常、高效运行所进行的计划、组织、指挥、协调、控制，以及所采取的法律规范的总和。

一、我国民航空防安全的历史发展

1977 年 6 月 16 日，新疆乌鲁木齐管理局一架里-2 型 303 号飞机，在执行乌鲁木齐至哈密的航班任务时被劫持，被机组成功制止。这是新中国民航发生的第一起劫机事件。以后又连续发生数起劫持民航客机事件。二十世纪七十年代末开始发生的劫持民用航空器的行为，对中国民航的安全构成极大危害，"反劫机"成为中国民航空防的主要任务。

1983年5月5日，民航沈阳管理局三叉戟296号飞机，执行6501沈阳至上海航班任务，被六名歹徒劫持到韩国。"5.5"劫机事件引起国家和民航高度重视，通过对该劫机事件的处置，进一步强化对国际民用航空安保的认识，空防工作开始走上与国际接轨的道路。

1983年10月4日，在民航局《关于严防阶级敌人劫持、破坏飞机的通知》中，第一次明确提出了"空防安全"这一新概念。同年12月4日，在民航局下发的《中国民用航空局关于保证安全的决定》中，首次提出：民航各级主要领导一定要把保证飞行安全和空防安全作为自己的中心任务。将"确保人机安全"明确规定为保证空防安全的最高原则。

1993年，我国民航发生了震惊世界民航界的"劫机潮"，全年发生劫机事件21起，劫机成功10起。虽未造成人员伤亡，但已引起国际民用航空组织关注，要求中国民航主管当局应尽快制止这种行为，否则将会宣布我国民航企业为不安全的航空企业，同时派出国际民航安全专家组来我国进行安全培训。

2001年3月，中国成立了国家处置劫机事件领导小组，作为国家的常设机构。制定下发了《国家处置劫机事件总体预案》，明确提出了空防安全的目的是最大限度保证乘客、机组人员和航空器的安全，维护国家整体利益和安全，并且对空防安全的范围、基本原则、组织指挥、情况报告、基本程序做出了新的规定。中国空防安全工作进入了崭新的阶段。

在美国发生"9·11事件"之后，我国空防安全的目标由保护人机安全上升到保卫国家安全，空防工作全面国际化。

从"反劫机"到"空中防线安全"，我国空防安全的内涵发生了本质的变化。预防对象由防止内部人员外逃和单纯防止劫机转变为防止对民用航空的非法干扰。安全标准由杜绝人机外逃转变为确保人机安全是空防安全的最高标准。

由此可见，我国的空防安全，既包含了航空安保的含义，即为了有效预防和制止人为非法干扰民用航空的犯罪与行为而进行的计划、组织、指挥、协调、控制，以及所采取的法律规范的总和，同时又包含了航空安保的目的，即确保民航活动安全、正常和高效。因此仅从表述上，我国不能用"航空安保"来取代"空防安全"。

二、空防安全的管理机构

（一）国家空防安全的管理机构

(1) 中国民用航空局公安局。

(2) 中国民用航空局地区管理局公安局。

(3) 中国民用航空局航空安全办公室。

(4) 国务院各级省市政府处置劫机事件领导小组。

国家空防安全管理机构组织结构如图 7-5 所示。

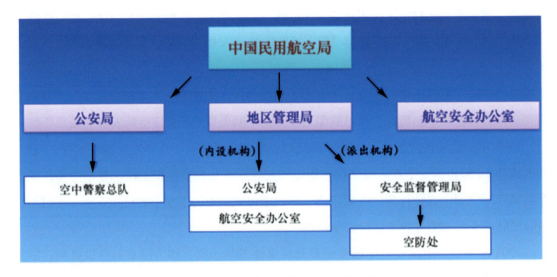

图 7-5　国家空防安全管理机构组织结构图

（二）机场与航空公司空防机构

(1) 机场公安局。

(2) 机场安全检查站。

(3) 机场航空护卫中心。

(4) 航空公司保卫部。

三、空防安全的目的与宗旨

(1) 预防和制止劫持、爆炸航空器，攻击民航机场，破坏民航设施，非法干扰民航运营秩序行为的发生。

(2) 保卫国家安全，保证广大旅客、机组和公众的生命财产不受侵害。

(3) 使航空器、机场设施免遭巨大损失。

(4) 维护民用航空运输生产、业务活动的秩序和正常发展。

(5) 保证国内外国家领导人的专机安全。

(6) 促进各国之间友好交往，维护国家政治声誉、企业的良好形象、社会的安定。

(7) 保护航空企业有序发展与经济利益。

(8) 打击恐怖活动和违法犯罪行为。

(9) 保障人们的利益和良好生活环境。

四、空防安全的工作内容

简单地说，就是指民用航空运输过程中的安全保卫工作。具体包括以下内容。

(1) 防劫机、防炸机、防止非法干扰民用航空的运营秩序。

(2) 正确处置劫、炸机和袭击、破坏事件，防止非法干扰民用航空安全的行为活动。

(3) 保证民航飞行、客货运输以及经营活动的正常开展，包括民用航空器、民航机场、民航设施、旅客生命财产、航空货物邮件的安全，所采取的各种预防措施。

(4) 制止和处置所发生的劫持、爆炸航空器、攻击民航机场、破坏民用航空设施、非法干扰民用航空运营秩序的行为、事件，实施的各项安全措施、安全规章、法律手段，以及人员和器材、资源的总汇。

五、空防安全的任务

(1) 承运人应当对航空运输过程中的旅客、货物承担相应的安全保卫责任。

(2) 乘机人办理承运手续时，承运人必须核对乘机人的身份证件和行李。

(3) 承运人应当对始发航班民用航空器进行清舱检查。

(4) 旅客登机时，承运人必须核对旅客人数。

(5) 已办理登机手续而未登机旅客的行李，不得装入或者留在航空器内。

(6) 旅客在中途终止旅行时，必须将其行李卸下。

(7) 承运人对承运的行李、货物，在地面存储和运输期间，必须有专人监管。

(8) 错运的行李、货物应当放置在安全存储区，直到行李按照有关规定被运走、认领或者处理完毕为止。

第三节　机上人员的安全保卫职权

一、机长的职权

（一）机长的职责

(1) 掌握公司航空安保规定、国家航空安保法规、国际民航公约的主要条文和内容。

(2) 了解航空安保形势，树立航空安保意识，规范执行航空安保规章和安全措施。

(3) 熟悉飞行航线的空防安全态势，掌握机组人员思想、技术状况。

(4) 执行任务期间，实施对航空安保工作的管理。对飞行中机组发生的航空安保事故或问题，负有领导责任。

(5) 组织机组航前准备会，落实机上应急处置预案和各岗位的工作任务分工。

(6) 指挥机组人员做好清舱和飞机过站期间的客舱监护工作。

(7) 飞行期间遇有非法干扰事件，按相关规定组织、指挥机组人员进行正确处置。飞机遇劫持或有爆炸物威胁时，负责领导、指挥机组人员做好应急处置。

(8) 飞机被劫持飞往境外机场着陆时，负责领导机组，保证旅客、飞机安全和对外交涉。

(9) 机组在执行任务期间发生航空安保事件与问题，及时向上级报告。

(10) 完成上级交给的其他航空安保工作任务。

（二）机长的权限

(1) 在飞行中，对扰乱飞机内秩序，干扰机组人员正常工作而不听劝阻的人员可采取必要的管束措施，并且可以在中途经停站强制其离机，中止其旅行。

(2) 对飞机上的非法干扰行为等严重危害飞行安全的行为，可以要求航空安全员及其他机组人员启动相应处置程序，采取必要的制止、制服措施。

(3) 对危及飞机及所载人员的安全，破坏客舱内秩序的人员，机长可以要求机组人员给以协助管束，必要时还可以请求旅客协助。

(4) 在飞机出现扰乱或者非法干扰等严重危害飞行安全的行为时，有权限根据需要改变原定飞行计划或者对飞机做出适当处置。

(5) 出现下列情况时，机长有权拒绝飞行：①在飞机起飞前，发现有关方面对飞机未采取必要的安全保卫措施；②机组人员与飞行任务书不符；③旅客和舱单不符；④旅客或行李、货物未经安检；⑤未登机旅客行李未卸；⑥机组未制定或不熟悉非法干扰处置预案及措施。

二、航空安全员的职权

(1) 掌握公司航空安保规定、国家航空安保法规、国际民航公约的主要条文和内容。

(2) 了解航空安保形势，树立航空安保意识，规范执行航空安保规章和安全措施。

(3) 对客舱及主货舱进行安全检查，包括特殊情况下进行局部或全部客舱清舱工作。

(4) 在飞机飞行前，发现所载旅客、行李、货物未经过安全检查，或者发现危及航空安全的情况立即报告机长。

(5) 维护秩序，保护旅客人身、财产安全，制止威胁航空安全的行为。

(6) 制止与执行航班任务无关的人员进入驾驶舱。

(7) 依法对飞机所载的可疑人员和行李物品进行检查。

(8) 防范和制止破坏飞机、劫机、炸机等违法犯罪行为，以及其他非法干扰民用航空活动的行为。

(9) 协助有关部门做好被遣返人员的监控工作。根据《航空安全保卫手册》规定，1名航空安全员一次最多负责6名待遣人员。如临时增加人数，视被遣返人情况，在航空安全员的控制能力范围内和确保安全的前提下充分与办事处协商并听从机长指示，同时制定切实可行的监控措施。

(8) 执行法律、行政法规规定的其他职责。

三、乘务长的职权

（一）乘务长的职责

(1) 掌握相关法律、法规，规范执规章和安全措施。

(2) 组织乘务组制定预案及人员分工。

(3) 在机长的领导下，处理机上服务及客舱安全方面的各种事宜。

(4) 协助机长，领导指挥乘务员开展航空安保工作。

(5) 在执行航班任务过程中认真执行《民用航空法》和公司守则中的有关规定，全程监控服务工作和客舱安全，确保国家财产和乘客安全。

(6) 协助机长保证乘客、客舱、货物在正常和紧急情况下的安全管理与应急处置。

(7) 飞行中遇有紧急情况及时报告机长，在机长的指示下，指挥客舱乘务员充分利用机上紧急设备沉着、冷静地进行处理，尽最大努力保证乘客安全；紧急情况下，负责广播。

(8) 乘务长负责客舱管理，监督乘务组的及服务质量和客舱安全。

(9) 在客舱中发生与安全有关的事件后，填写《机上紧急事件报告单》，并向所在单位报告。

(10) 发生的航空安保问题，及时上报。

(11) 完成机长和上级交给的其他安保任务。

（二）乘务长的权限

(1) 监督、建议和纠正权。

(2) 制止或反映严重违规人员和事件。

(3) 制止或处置扰乱行为，必要时通知安全员予以配合及采取管束措施。

第四节 飞机遇劫

劫机(hijack)，即以武器或威胁等暴力手段劫持飞机的行为，从而严重威胁飞行安全所引发的事件。

自从民用航空出现，劫机便成为一种新型的犯罪途径，这种犯罪类型往往具有破坏性巨大，恐怖性高，容易引起人们恐慌与关注等特点，而这种特点又恰巧非常适合某些喜欢制造轰动性后果的政治团伙组织和个人，以至于成为民族矛盾、种族仇恨、政治冲突与发泄私愤的出口。

一、劫持民用航空器的四个阶段

（一）初始劫机时期（1931—1967年）

世界上发生第一次劫机事件是在1931年的秘鲁，劫机过程没有造成人员伤亡，国际社会首次使用劫机定义。1948年6月30日，保加利亚航空公司在执行从瓦尔纳到索菲亚的国内航班时被匪徒劫持，飞机降落在土耳其的伊斯坦布尔，飞行员在搏斗中丧生。1948年7月一架国泰航空公司的飞机由澳门飞往香港，被机上4名歹徒劫持，驾驶员被杀，飞机坠毁在海中，造成25人死亡，唯有劫机者生还。1960年7月19日，一名歹徒企图炸毁澳大利亚航空公司408航班，但被两名旅客制服，飞机安全落地。

为了制止劫机事件的发生，国际民用航空组织在1963年9月14日签订了《关于在航空器内犯罪和其他某些行为的公约》，即《东京公约》，主要解决机上犯罪案件中的刑事管辖权问题和赋予航空器机长对于机上犯罪或其他行为进行管理的权利。该公约的实施对于打击在航空器内实施危害航空器安全的刑事犯罪发挥了一定作用，但收效甚微。

（二）劫机事件快速增长时期（1968—1976年）

这一时期世界各国航空业发展迅速，但这一时期的国际形势复杂，国际和地区摩擦不断，宗教和民族矛盾日益加深，滋生出许多反政府组织、极端组织。这些组织策划发起了多起劫机，九年里就发生了近400起劫机事件。在这一时期大多数国家无论在地面还是空中都没有采取有效的反劫持措施，航空公司也没有引起足够重视，致使飞机被劫持频繁发生。大部分劫持者都携带武器、爆炸物或凶器劫机，为发泄不满，不计后果。

1970年9月，巴勒斯坦游击队队员劫持了三架飞机，一架属美国环球航空公司，一架属瑞士航空公司，一架属英国海外航空公司，劫机者要求三架飞机飞往约旦，降落后飞机被炸毁。所有机上人员被用来交换被关押的巴勒斯坦人,最后被释放。这是一起以劫机为政治筹码要挟政府释放被押人员的事件,也就是著名的道森机场劫机事件。1974年9月15日,一架越南航空公司的飞机被一名手持两枚手榴弹的歹徒劫持,后来劫持者引爆了手榴弹,飞机坠毁,机上70人全部遇难。1976年6月27日,两名巴勒斯坦人和两名欧洲人劫持了一架法国航空公司的飞机,要求飞机飞往乌干达,机上共有244名乘客及12名机组成员。飞机降落在乌干达的恩德培机场后,劫机者释放了部分非以色列籍乘客,扣留了105名乘客作为人质。7月4日,以色列部队进行了解救行动,劫机者被打死,3名乘客不幸遇难。

(三)诸多因素导致劫机事件时期(1977—2000年)

这一时期各国对机场地面人员防控、飞机的安全检查、乘机旅客人身及行李检查不够仔细,配有诸如X光安检机等安检设备的机场不多,行李物品安检形同虚设。在空中,驾驶舱可以随便申请参观,派遣航空安全员执勤也仅限于极少数国家或部分航班。由于方方面面的安全漏洞存在,劫机事件仍有时发生,和平手段解决劫机事件越来越困难,以暴制暴的方法处理劫机事件被越来越多的国家采用。

1978年2月,两名阿拉伯游击队队员在塞浦路斯的拉纳卡劫持了一架飞机。埃及军队在未被邀请的情况下试图袭击飞机以解救人质,塞浦路斯军队进行阻止时双方进行了45分钟的对抗,15名埃及军人死亡。

1990年2月26日,4名歹徒试图劫持一架伊朗航空公司的波音727客机,飞机下降到安全高度后,机上安保人员将4人击毙,确保了人机安全。在地面被劫持的处置中也有成功的案例,1994年4月24日印度航空公司的波音737客机在阿姆斯特丹机场遭劫持,机上141人成为人质,在谈判无果的情况下,印度国家安全卫队采取了反劫持行动,突击队员闪电般地登上飞机,歹徒来不及做任何反应即被击毙,机上人员和参战突击队员无一受伤。

但是,以暴制暴的方式处理不当也会造成很大的人员伤亡和经济损失。比较典型的案例发生在1985年11月23日,埃及航空公司一架飞往开罗的波音737飞机在马耳他机场被3名歹徒劫持,他们要求前往利比亚或突尼斯,谈判持续了22小时,在机上两名乘客被杀害后,埃及警方对劫持歹徒发动进攻。在解救人质的过程中,除了两名歹徒以外,有63名旅客不幸丧生。1999年12月24日,6名武装分子劫持了一架载有189名乘客,从加德满都飞往新德里的印度航空公司的空中客车A300型客机,劫机者打死了4名乘客。被劫持的飞机先后在印度边境城市阿姆利则、巴基斯坦边境城市拉合尔和阿联酋的迪拜强行降落和加油。劫机者在迪拜释放了26名妇女、儿童和伤病人员后,12月25日又强迫客机飞往阿富汗。印度政府12月27日派出了一个谈判小组前往坎大哈与劫机分子进行谈判。最后印度政府决定，交给劫机分子要求释放的关押在印度狱中的3名"极端分子"，以交换机上155名人质。12月31日，人质被全部释放。

（四）恐怖劫机事件时期（2001年至今）

这一时期是世界民航业飞速发展的鼎盛时期，无论是航空公司增加的数量及规模等方面都是发展最快的时期，但同时国际反恐形势也在不断地恶化。最典型的恐怖事件是2001年9月11日美国发生的震惊世界的"9·11事件"，两架被恐怖分子劫持的民航客机分别撞向纽约世贸中心1号楼和世贸中心2号楼，两座建筑在遭到袭击后相继倒塌；同时上午9时03分第三架被劫持的客机撞向位于华盛顿的美国国防部五角大楼，导致五角大楼局部结构损坏并坍塌；上午10时，第四架被劫持的飞机，因机上旅客及机组成员奋力抵抗，在宾夕法尼亚州郊区坠毁。据悉，机上恐怖分子的袭击目标是国会山庄或白宫。

"9·11事件"的发生改变了美国政府对劫持事件的关注度，把防劫持和反劫持上升到影响国家安全的高度来对待，为此加大人力和物力的投入。地面上重点加强情报搜集、民航从业人员的安保审查、更严格的行李货物安检、旅客登机前的飞机清仓和飞行中机组人员必须锁闭驾驶舱门。为了确保空防安全，组建了空中警察队伍，不定期地在一些重点航线执勤。要求其他各国航空公司飞机驾驶舱门必须加固改装完成，否则禁止飞往美国。

美国"9·11事件"发生后，也引起了国际民用航空组织和世界各国对民航客机安全的高度重视并迅速采取行动。在第33届国际民用航空组织大会上，对正在出现的针对民用航空器的威胁，重新研究现有的航空安保措施能否充分适应当前的需要，在公约和安保条款修订上寻求对策，并且做了大量的工作。在此背景下，国际民用航空组织于2010年8月30日至9月10日在北京举行了航空安保外交会议，签署了《制止国际民用航空有关的非法行为的公约》和《制止非法劫持航空器公约的补充议定书》，即《北京公约》和《北京议定书》，这两个文件加强和完善了现有的国际航空安保条约体系，加大了打击恐怖行为的力度，增进了国际反恐合作，以适应现实和未来维护民航安全的需要。

世界各国也都加大了航空安保的投入，德国、英国、法国、以色列、澳大利亚等国家，包括我国，相继组建了空中警察队伍，其他国家也都有安保人员登机，由于世界各国的共同努力，近些年比较有效地预防和遏制了劫机事件的发生。

二、劫机的分类

(1) 以反社会为目的，劫持航空器，撞击重要目标，制造重大事件，造成机毁人亡的自杀性恐怖活动。

(2) 以政治要求为目的，劫持航空器，要挟政府的恐怖活动。

(3) 以经济要求为目的，劫持航空器，要挟政府的恐怖活动。

(4) 以破坏国家安全为目的，劫持载有关系国家安全的重要人员的航空器的恐怖活动。

三、飞机遇劫的处置原则

(1) 安全第一。处置决策以最大限度地保证国家安全、人机安全为最高原则。必要时，可以小的代价避免重大的损失发生。

(2) 统一指挥。事件处置由国家处置劫机事件领导小组决策，统一指挥。

(3) 适时果断处置。抓住时机，果断决策，力争在最短时间内将危害与损失降至最低。

(4) 力争在地面处置。空中发生的重大劫机事件，应力争使航空器降落地面，进行处置。

(5) 力争境内处置。境内发生的重大劫机事件，应尽量避免在境外处置。

(6) 机长有最后处置权。在情况紧急，直接危及人机安全时，机长对航空器的操纵和机上人员的行动有最后决定权。

(7) 应当采取一切可行的措施，确保将航空器扣留在地面，除非为保护机上人员生命安全而必须起飞。

四、飞机遇劫的处置工作要点

（一）主要工作内容

(1) 信息传递。

(2) 情况判断。

(3) 发出应急信号。

(4) 人员的分工。

(5) 处置方案的实施。

(6) 处置措施已经实施后的工作内容。

(7) 无法实施处置的最后决定。

(8) 飞机落地后的紧急撤离。

(9) 飞机正常落地处置。

(10) 飞机境外落地的处置。

(11) 机长声明中的主要内容依据。

(12) 飞机旅客利益的保卫。

（二）劫机事件的特点

(1) 劫机事件往往具有突发性，事情发生突然，情况紧急，来不及进行周密计划和考虑。

(2) 劫机歹徒大部分都凶狠残暴，做事不计后果，情绪激动狂妄，犯罪准备充分，且多持有爆炸物、凶器、燃烧物或挟持人质相要挟。

(3) 机上人员多、空间小，容易引起旅客恐慌，造成混乱，发生意外。

(4) 飞机在高空中，舱内呈密封增压状态，不便使用武器，处置困难。

(5) 机组人员少，不便统一协调配合。

(6) 一旦处置不当，容易引起严重后果。

（三）劫机事件的处置策略

(1) 必须从当时的实际情况出发，提出或采取符合具体情况的有效战术和措施。

(2) 坚持确保人机安全是处置一切突发事件的最高原则。

(3) 隐蔽身份，见机行动。

(4) 判明情况及时通报与决策。

(5) 争取有利时机采取措施。

(6) 保护驾驶舱，慎重使用武器。

(7) 具有良好心理素质，既能处惊不乱，又要反应迅速。

(8) 协调一致，统一行动。

五、机上人员反劫机处置的操作

(1) 在飞行中，机组发现或获得飞机被劫信息，要立即用事先协同的暗号或联络方式将情况报告乘务长、航空安全员和机长。

(2) 机组人员设法保护好驾驶舱，严防劫机者进入。若劫机者进入驾驶舱，飞行员要坚守岗位，在处置过程中保留两人以上操作飞机。

(3) 机组操纵飞机下降至安全高度，并进行缓慢释压（判明有爆炸物的情况下）。

(4) 打开禁止吸烟信号灯和系好安全带信号灯，关闭不必要的电气设备和电源。尽可能降低客舱温度，减少液体（危险品或爆炸品）挥发。

(5) 通知所有机组成员做好灭火准备。

(6) 乘务员停止供应酒类，继续做好对旅客的服务。

(7) 一般情况下，不要通知机上其他旅客，避免引起混乱和恐慌。

(8) 加强对客舱的巡视，观察旅客动态，注意发现其他旅客的可疑迹象或劫机者的同伙。

(9) 控制到前舱卫生间的旅客，乘务员可借送饮料之际将推车放置在前舱通道中，用以阻拦劫机者冲向驾驶舱。

(10) 若劫机者以口头或书面相威胁，航空安全员应对其严密监控，由乘务员或航空安全员设法稳住歹徒，采取说服感化或答应其提出的条件等方法，稳住其情绪，尽可能了解清楚劫机者的姓名、性别、年龄、特征、身体状况、有无航行知识、劫机原因、目的及要求；判明劫机者所携带或所称凶器、危险品、有无同伙等情况，尽量拖延时间，及时报告机长。

(11) 若劫机者以武力相威胁时，机组成员应尽量与之周旋、谈判、诱骗迷惑，并要注意策略，防止激化，拖延时间，尽量争取在落地后处理。

(12) 若劫机者以暴力冲入驾驶舱，应由乘务员陪同，附和机长编造的任何借口麻痹劫机者，待其精力分散或处于疲惫时，在有把握的情况下，出其不意将其制服。

(13) 航空器落地后，机组与地面人员尽力配合，疏散旅客，详细通报机上情况，为地面人员寻求解决办法提供材料，同时机长也要做到继续拖延时间，为地面处理赢得时机。

思考题

1. 航空安全保卫的概念是什么？
2. 航空安全保卫有哪些国际条约？
3. 安保管理体系的概念是什么？
4. 安保管理体系组成要素有哪些？
5. 安保管理体系的英文全称和简称是什么？
6. 我国空防安全工作内容是什么？
7. 航空安全员的安全职权是什么？
8. 历史上，劫持民用航空器分为哪四个阶段？
9. 劫机类型有哪些？
10. 飞机遇劫的处置原则是什么？
11. 简述机上人员反劫机处置操作内容。

第八章
非法干扰及扰乱行为

伴随着民航运输的发展壮大，越来越多的人选择乘坐民航客机出行。然而，频繁出现的"机闹"扰乱了民航正常运行秩序，危及飞行安全。

第一节 非法干扰

一、非法干扰的定义

非法干扰是指危及民用航空和航空运输安全的实际或未遂的行为,包括但不限于以下行为。

(1) 非法劫持飞行中的航空器。

(2) 非法劫持地面上的航空器。

(3) 毁坏使用中的航空器。

(4) 在航空器或机场内扣留人质。

(5) 企图犯罪而将武器或危险装置或器材带入航空器或机场。

(6) 利用使用中的航空器造成死亡、严重人身伤害,或对财产或环境的严重损坏。

(7) 传递危及飞行中或地面上的航空器、机场或民航设施场所中的旅客、机组、地面或公众安全的虚假信息。

二、非法干扰行为的处置原则

(1) 确保航空器及所载人员生命财产安全。

(2) 确定性质,区别对待。

(3) 及时控制事态发展,防止矛盾激化。

(4) 劝阻说服为主,惩罚处理为辅,注意收集有关证据。

(5) 机上控制,机下处理。

(6) 遇自杀性劫机,要坚决实施反劫机行为,制服歹徒。

(7) 空地配合,互相协作。

(8) 机长对航空器有最后处置权。

三、非法干扰行为的处置程序

(1) 在飞行中,机组成员发现非法干扰行为时,必须及时报告机长或进行制止。

(2) 机组成员最早发现非法干扰或接到信息者,立即报告机长或航空安全员,并及时对非法干扰者进行教育,讲明法律规定,劝其立即改正或中止其非法干扰行为。

(3) 对劝阻无效者,及时报告机长,由机长决定是否对非法干扰者采取必要的措施。

(4) 停止供应酒类，继续做好对其他旅客的服务。

(5) 因情况紧急，如不对非法干扰及时采取强制措施，就会危及飞机安全或对其他旅客造成危害，机组成员或航空安全员有权对其采取强制措施，或限制其人身自由。

(6) 为保证飞行安全和客舱秩序，根据当时情况向旅客做好解释，得到旅客的支持理解。

(7) 飞行中发生非法干扰事件，乘务员、航空安全员须做好各类证据的收集工作。

- 取证对象：非法干扰行为人及权益受侵害人。
- 证人：5 人以上。
- 证据种类：当事人的陈述和证人证言。

(8) 乘务长填写《机上事件报告单》并上报事件的证据材料。

四、典型非法干扰行为的处置

（一）客舱内扬言劫机或有爆炸物的处置

(1) 机组人员在客舱内听到旅客声称要劫、炸机或有爆炸物的信息时，首先应辨明真伪。如行为人确有劫持、爆炸等破坏行为，或情况难以辨明时，按处置劫、炸机工作预案处置。

(2) 如果行为人因某些原因导致语言过激发泄不满，而无实际行动，按相应程序处置。

① 起飞前处置：任何机组人员接到信息时，应设法将信息传递给机长；航空安全员应对行为人及其行李物品进行监控，注意观察有无同伙，并同时进行监控；机长立即将情况报告给机场公安机关；乘务员做好客舱解释和安抚工作，稳定旅客情绪，防止事态扩大；机组人员积极配合机场公安人员做好调查取证工作，必要时动员知情旅客提供证词。

② 飞行中处置：乘务员或航空安全员立即将信息报告机长；航空安全员应对行为人及其行李物品进行监控，注意观察有无同伙，并同时进行监控；如行为人有其他过激行为，应予以约束，待降落后，移交机场公安机关处理；航班结束后，机组应向公司保卫部门提交书面情况报告。

（二）殴打、暴力袭击机组人员的处置

(1) 当发生以暴力形式抗拒或阻碍航空安全员或其他机组人员执行任务，或暴力袭击、殴打航空安全员或其他机组人员时，航空安全员要立即制止。

(2) 对不听制止者予以制服，并采取管束措施。

(3) 飞机降落后，移交机场公安机关处理。

【案例 8-1】

2016年12月30日，南航珠海分公司授予旅客高先生、杨先生"见义勇为"奖，各奖励人民币3000元和"见义勇为 品德高尚"锦旗一面。这两位旅客是在12月26日协助该公司CZ3736航班机组成功处置一起"非法干扰"事件而获得奖励的。

2016年12月26日21时30分左右，CZ3736航班按计划从北京首都机场机坪滑向跑道准备飞往珠海。突然，坐在49H位置的男性乘客神情焦虑地跑向前舱，对乘务长说："我有不好的预感，飞机要出问题，赶快停下来。"乘务长马上问："飞机哪有问题？先生，您需要什么帮助吗？"而这位男子并未作答，又返身跑回客舱，嘴里不停地说着："飞机不要起飞，我有不好的预感，要出事了，死神来了，你们见过吗？"

当班的航空安全员立即一边做该男子的安抚工作，一边了解该男子有无随行人员、登机时有无异常情况。坐在49排以及附近的多位旅客称，没有看见他有同行的人，飞机滑行前没有异样，滑出后就突然烦躁了起来。就在安全员安抚该男子时，该男子突然挥拳相向，安全员机警地避开后，该男子挥起第二拳打在了安全员的胸口上，并企图鼓动其他旅客一起围攻安全员，并大声说："他是安全员，只有把安全员打倒了，飞机才能停下来。"任由该男子挥打，安全员紧紧地抱住这位状态异常的男子。安全员的果敢行动感染了旅客，坐在41H和42H位置的旅客杨先生、高先生挺身而出，与安全员合力将该男子制服。

与此同时，机长迅速检查飞机情况，确认飞机状态，仪表显示飞机性能参数一切正常。随后，立即做出终止滑行返回机坪的决定，同时向地面通报情况，请求公安人员登机处理和机场有关人员到场对飞机进行安全检查。

22时10分，飞机滑回机坪停在远机位。公安人员登机带走这名男子。在机场安检等部门协助下，旅客拿着自己的行李下机，安检人员登机对飞机进行"地毯式"检查，货舱物品全部卸下、重新安检后装机。经过3个半小时的排查，未见异常。旅客重新登机，航班被迫延误近4小时后，起飞前往珠海。

第二节　扰乱行为

一、扰乱行为的定义

扰乱行为是指在航空器上不遵守行为规范，或不听从机组人员指示，从而扰乱航空器上良好秩序和纪律的行为。

飞行中的航空器上出现扰乱或者不安全行为时，航空安全员应口头予以制止，告知其违反规定或违法事实，以及应当承担的后果；制止无效的，应当采取约束性措施予以管束。

二、扰乱行为的分类

（一）可能危及飞行安全的行为

可能危及飞行安全的行为包含但不限于以下几种。

(1) 戏言劫机、炸机。

(2) 未经许可企图进入驾驶舱。

(3) 在客舱卫生间内吸烟。

(4) 殴打机组或威胁伤害他人。

(5) 谎报险情、危及飞行安全。

(6) 未经允许使用电子设备。

(7) 违反规定开启机上应急救生设备。

(8) 其他可能危及飞行安全的行为。

（二）扰乱秩序行为

扰乱秩序行为包含但不限于以下几种。

(1) 寻衅滋事、酗酒滋事、殴打旅客。

(2) 在飞机上打架、性骚扰。

(3) 盗窃机上物品。

(4) 抢占座位、行李架。

(5) 强行登占航空器。

(6) 妨碍或煽动旅客妨碍机组人员履行职责。

(7) 其他扰乱航空器运营秩序的行为。

【案例 8-2】

2019 年 5 月 20 日晚，福州航空 FU6509 福州至昆明航班在飞行下降的关键阶段，发生了一起疑似精神病患旅客冲击舱门、敲打舷窗、殴打乘务员及安全员的扰乱客舱秩序的事件。

当天晚上 19 时许，乘坐福州航空 FU6509 航班的旅客正在有序登机，当班安全员赵文辉察觉到一名旅客似乎有些异常。该男性旅客年约 50 岁，无亲朋陪伴，腰间衣物上有斑斑血迹，眼神有些迷离。为此，他对该旅客进行了异常行为识别，将其作为巡舱重点监控对象，并向航班乘务长通报了这一情况。

在飞机将要落地前 40 分钟左右，这名旅客开始出现异常举动。该旅客当时激动地前往服务间，要求乘务员给其家人拨打电话，尽管乘务员耐心解释此时机上没有信号，无法拨打，但旅客却不予理会，只是不断重复自己的诉求。在诉求没有得到满足后，旅客又开始在客舱内踱步，并大声散播可能扰乱客舱安全的不实言论，引得周围旅客关注。乘务长及安全员不断对其耐心劝说，并将旅客的座位由60J调至31C，由安全员坐其旁边全程监控，并通过聊天的方式试图转移他的注意力，但此时，旅客的情绪非但没有稳定，反而愈加暴躁。

在飞机落地前10分钟左右，该旅客突然起身冲向前服务间，企图打开R1舱门，安全员反应迅速，根据紧急避险原则，采取徒手控制措施，将该旅客带回座位。回到座位后，该旅客依然情绪激动，不配合安全员做出的系好安全带等指令，仿佛失去控制般大吼大叫起来，同时出现了用力踩地板、用手机敲砸舷窗、敲击座椅等行为，甚至攻击安全员，并试图抢夺安全员的执勤记录仪。

此时正处于航班落地的关键阶段，客舱内旅客又出现骚动的情况，存在着飞机配载不平衡的风险。乘务员与安全员紧急联动，通过广播及警示要求其他旅客立即回到原位坐好。此时该旅客仍在散播扰乱客舱秩序、危害飞行安全的言论，并无视警告，使用蹬踹、撕咬等方式攻击安全员及协助处置的乘务员。鉴于此时飞机处在"危险十一分钟"的极其关键时期，机组成员及前来帮助的旅客对该名人员采用了徒手制服并采取保护性约束措施，以确保飞机安全直至落地。落地后，机组人员在第一时间将人员、证物移交给了机场公安。

（资料来源：百家号 - 民航事儿，2019-05-23）

三、扰乱行为的处置原则

(1) 飞机上出现扰乱行为时，机组人员要早发现、早报告、早处置。应当迅速判断扰乱行为的性质、危害和后果，适时介入、妥善处置，维护客舱安全秩序。

(2) 在机长的领导下，视扰乱行为的严重程度，先由乘务员进行处理，不听劝阻者由航空安全员进行强制管束，直至移交公安机关。

(3) 扰乱行为升级为非法干扰行为的，按照非法干扰行为处置程序处理。

四、常见机上扰乱行为的处置

（一）违反严禁吸烟规定的处置

(1) 经说服制止，对立即熄灭香烟者可不再进行追究；对不听劝阻者，可采取约束措施终止其行为，并收集证据、证人证言。

(2) 检查熄灭烟头，确认已完全熄灭，不会引起火灾。

(3) 需要移交地面处理的，应及时报告机长，待航空器落地后交机场公安机关处理。

（二）盗窃、故意损坏或擅自移动航空器内救生物品和设备的处置

（1）对盗窃、故意损坏应急救生器材设备的，机组人员应及时采取措施予以制止、消除危害，航空安全员和乘务员要及时收集证据，待航空器落地后，将行为人及相关证据移交民航公安机关处理。

（2）对无意触碰、开启航空器内应急救生设备的，机组人员应及时制止，未造成后果的，可对行为人进行教育；致使设备损坏，或造成严重后果的，机组人员应采取补救措施，并及时收集证据，待航空器落地后，移交机场公安机关处理。

（三）对航空器内治安事件和其他危及飞行安全、扰乱航空器内秩序行为的处置

（1）起飞前，航空器内发生治安事件或其他不法行为，机组应及时制止；制止无效的，报告机长，立即通知机场公安机关，将行为人带离航空器进行处理。

（2）飞行中，对寻衅滋事、争抢座位或行李架、打架斗殴等行为，机组应视情况调解，避免再次发生冲突。

（3）飞行中，航空器内发生治安事件，威胁机组和旅客人身及财产或航空器安全的，航空安全员应对当事人或嫌疑人采取控制措施，并报告机长，航空器落地后交机场公安机关处理。

（四）非法入侵航空器的处置

非法入侵航空器指人员未经授权、许可，强行闯入航空器或藏匿于航空器内。

（1）对在航班过站时强行进入航空器的旅客，机组人员应会同航空器监护人员予以劝阻制止，并报告机长；对劝阻无效的，应立即通知机场公安机关前来处理。

（2）航空器停场、定检时发生非法入侵事件，应控制住入侵人员，并立即报告机场公安机关。同时应按照航空器搜查单对航空器实施检查无异后，方可投入航班运行。

（五）强行冲击驾驶舱的处置

（1）对未经许可企图进入或打开驾驶舱门的旅客，航空安全员或乘务员应立即制止，并向其说明相关规定。

（2）对不听劝阻企图强行进入者，航空安全员应立即采取管束措施将其控制，并将其带至客舱后部进行监管。

（3）检查驾驶舱门状况是否完好及得到有效锁闭。搜集证据及旅客证言。

（4）报告机长；航空器落地后，移交机场公安机关处理。

【案例 8-3】

为贯彻落实"平安民航""平安航班"建设工作精神,结合《云南红土航空股份有限公司 2019 年度质量控制计划》文件部署,2019 年 4 月 23 日,红土航空保卫部开展了机上扰乱行为桌面演练。

演练通过小组讨论、现场交流及安保信息讲解等流程,进一步明确了航空安全员处置事件时的职责划分,完善了应急机制,查找处置预案中存在的问题,进而完善了应急预案,提高了预案的实用性和可操作性,同时反映了安全员在处置过程中与乘务员的协同能力、客舱控制能力及安保主导意识。教员讲评如图 8-1 所示。

图 8-1 教员讲评

思考题

1. 什么是非法干扰?
2. 非法干扰的处置原则是什么?
3. 殴打、暴力袭击机组人员的处置是什么?
4. 在客舱内扬言劫机或有爆炸物的处置是什么?
5. 什么是扰乱行为?
6. 哪些行为属于扰乱秩序行为?
7. 扰乱行为的处置原则是什么?
8. 盗窃、故意损坏或擅自移动航空器内救生物品和设备的处置是什么?
9. 强行冲击驾驶舱的处置是什么?
10. 非法入侵航空器的处置是什么?

第九章
野外求生

飞机事故通常有三种情况：高空解体、起飞失事和降落坠毁。根据美国国家运输安全委员会的统计显示，在严重的飞行事故后，只要采取正确的措施，还是有可以存活下来的概率。那么，飞机遇险后如何自救？

第一节　野外生存的原则

一、飞机备降与飞机迫降

备降 (diversion) 是指飞机在飞行过程中不能或不宜飞往飞行目的地机场或目的地机场不适合着陆,而降落在其他机场的行为。发生备降的原因有很多,主要有航路交通管制、天气状况不佳、预定着陆机场不接收、预定着陆机场天气状况差低于降落标准、飞机发生故障,等等。备降是飞机在运行过程中为确保飞行安全采取的正常措施。

备降机场一般在起飞前都已预先选定好。在每一个航班起飞之前,当班机长签署的飞行计划中都必须至少明确一个条件合适的机场作为目的地备降机场。备降机场包括起飞备降机场、航路备降机场和目的地备降机场。

一般来说,如果是飞机起飞后短时间需要备降的,大多数情况会选择返回起飞机场;当飞机完成了整个航程的一半距离时,备降就可能选在航线中段附近符合飞机通行标准的某个机场;如果飞机已经到达目的地区域,就可能选择在目的地机场附近的某个机场备降。

中国民用航空局发布的关于确保飞行安全的有力措施"八该一反对"中就明确提出了"该备降的备降",就是指由于各种原因造成目的地机场不具备着陆条件的情况下应该到备降机场落地,不能盲目、强行落地而影响飞行安全。

迫降与备降的概念则完全不同。迫降 (forced landing) 是飞机因特殊情况不能继续飞行时的被迫降落。迫降往往伴随着巨大的风险。导致迫降的原因包括飞机机械故障、气象因素、火灾、鸟击等,它是一种紧急情况。迫降时,飞行员无法保证飞机能落在机场或者机场外任何地带,也无法选择和预测飞机能否安全落地。2005年3月16日,俄罗斯一架安-24客机飞到距离俄北部阿尔汉格尔斯克州涅涅茨自治区一座中转机场还有5公里时,因发生故障紧急迫降,飞机一侧机翼撞到地面,整个飞机起火燃烧。机上45名乘客和7名机组人员中28人死亡。1998年9月10日,东方航空一架MD11飞机由于起落架故障而在上海虹桥机场紧急着陆。

二、飞机迫降地点

在机场内实施被迫降落称为场内迫降,在机场外实施被迫降落称为场外迫降。

对于机长而言,但凡有可能,都会选择场内迫降。因为在机场内,消防车、救护车、警车、摆渡车等各类救援车辆以及各类救援人员会时刻准备着为迫降的飞机做应急处置,而且机场跑道适合飞机降落。

然而，不是每一架紧急迫降的飞机都有机会选择场内迫降。飞机剩余燃油量、飞机高度、飞机下降速率、引擎动力等因素都有可能使机长做出场外迫降的决定。

场外迫降分为陆地迫降和水上迫降。陆地迫降指着陆场地在陆地。水上迫降指着陆场在海洋、湖泊等水面上，水上迫降要求尽可能靠近陆地。因为从救援方面考虑，陆地救援比水上救援更加方便。

水上迫降的危险性高于陆地迫降。虽然水面看起来不似陆地坚硬，但飞机在高速接触水面的瞬间，水面就是一块坚硬、起伏很大的地面。而且和地面相比，水面在不断变动，结构也更碎更松散，传导震动能力很强，一旦机头或机翼先接触水面，飞机就极易出现局部破碎或是解体。而当飞机的速度减弱，飞机就会陷进水面，如果飞机已经出现破损或是解体，到速度停止时，就很可能会面临沉没。另外，当飞机在水面迫降时，机身破碎导致舱内会快速进水，水的压力也会让舱门打开更困难。如果成功生还，人体在低温的水中，体温流失速度会远高于暴露在低温空气中。水面救援有一定延时，暴露在寒冷的水中几个小时一样会有生命危险。所以，水面迫降的风险系数比陆地迫降高得多。1996年埃塞俄比亚航空一架波音767客机遭遇劫机，之后耗尽了燃油，在印度洋上迫降并坠毁，机上175人中有125人遇难。飞机碰撞水面时，飞行员正与劫机者争夺飞机控制权，导致飞机机身反转，左侧机翼先撞击到水面，机身断裂为三截。2011年俄罗斯安加拉航空执飞5007航班的安-24客机因发动机起火，在俄罗斯鄂毕河上迫降。飞机碰撞水面时，尾翼及起火发动机脱落，但整体机身完好。机上33名乘客及4名机组成员中，有7名乘客遇难，另有20余人受伤。

【案例9-1】

2020年4月18日10点30分左右，一架Piper Cherokee小型飞机的飞行员联系加拿大魁北克市消防局，请求在让·勒萨热国际机场以南几公里处的40号高速公路上紧急迫降。消防部门发言人表示，当紧急救援人员到达现场时，飞机已经安全着陆。飞行员没有受伤。飞机降落时拍摄的图片如图9-1所示。

图9-1 飞机降落时拍摄的图片

三、野外求生基本原则

当飞机迫降后,幸存者必须面对可能出现的诸如地形和气候之类的困难,从而保全生命,得以生存。为此而采取的一切行动被称为"求生"。

求生的首要条件是具备求生的欲望、求生的知识与技能,还要拥有乐观的精神。要懂得如何获得水、食品、火种、容身之地等生存的必需物品和条件,如何呼救以及吸引营救人员,如何在没有援助时获得安全的保护或脱离险境。除此之外,还应掌握保存体能的方法,避免和应对疾病与受伤的方法,以便帮助其他的患难者。

四、影响撤离生存的主要因素

(1) 飞机火灾的侵害。

(2) 饮用水源匮乏。

(3) 食物短缺或不净食物引起的疾病。

(4) 寒冷。

(5) 惊慌失措、情绪失常。

(6) 动物的袭击。

(7) 疾病。

(8) 辐射。

(9) 脱水。

(10) 海上。

五、撤离生存的要素

(1) 留在飞机附近的安全区域。

(2) 为受伤的旅客提供必要的急救。

(3) 把旅客组织起来集中管理。

(4) 建立临时掩体(不到万不得已,不要回到飞机上)。

(5) 使用所有可利用的应急设备,如救生包里的物品。

(6) 启动应急发报机。

(7) 不要饮用未经净化的水,可以收集露水饮用。

(8) 保存体力,为防止痛苦、肢体僵化和保持体温而需要进行的运动应缓和并经常进行,但绝不可达到疲乏的程度。

(9) 利用所有可能的物件来保护身体免受寒冷和湿气的侵袭，毛毯、衣服以及任何其他可利用的物件都应用来保护机上人员。

(10) 乘务员应有效地进行给养工作，重点是定量分配每日的饮水。通常在撤离飞机24小时内不喝水，受重伤的人例外，应给予额外的水。在使用给养时先用附近取得的淡水，而将救生包里的饮用水保留住。

(11) 记录日志。

第二节 陆 地 求 生

当陆地撤离发生在偏僻和荒凉地区时，救援人员不能马上赶到之前，幸存者应做陆地求生的准备。

一、撤离后的组织

(1) 首先远离飞机，避免火灾侵害。

(2) 当发动机冷却后，燃油蒸发，火已熄灭时，设法返回飞机。

(3) 对受伤人员实施急救，并要求旅客中的医务人员提供援助。

(4) 集合并清点幸存人数，将其分为几个小组，每组人数约5～20人。

(5) 每组指定一名组长负责管理，总任务由机组人员下达，具体的任务由组长分配给每一个人。

(6) 利用就地材料搭设临时避难所。

(7) 准备好发出求救信号的设备。

二、建立避难所

（一）天然避难所

(1) 山区和沿岸边的山洞。

(2) 凸出的大岩下边。

(3) 树和树枝及雪。

（二）飞机避难所

(1) 完整的机身。

(2) 机翼和尾翼。

(3) 滑梯。

(4) 机舱内的塑料绝缘板。

（三）修建避难所的注意事项

(1) 以山洞为避难所时，里面可能会很潮湿，同时可能会有其他动物存在。

(2) 冬季时不宜依靠机身修建避难所，因金属散热过快。

(3) 避免在低洼潮湿的溪谷处修建避难所，防止被洪水冲走。

(4) 在倒下的枯树及树之间不宜修建避难所。

(5) 不宜在茂密及人深的草木丛林中修建避难所。

三、水源的选择

（一）寻找水源

(1) 当你从飞机上撤离下来时，应尽可能地带水、饮料。

(2) 附近的河流、湖泊、池塘、山泉等。

(3) 沙丘间凹处进行挖掘可能有水。

(4) 干枯河床下面常常有水。

(5) 雨水和露水。

(6) 热带丛林的植物也富含水分。

(7) 寒冷地带，融化纯净的冰和雪。

(8) 鸟群经常在水坑上飞翔。

(9) 顺着动物的足迹和粪便等找水源，沙漠区也是如此。

（二）饮水时的注意事项

(1) 不干净的水最少煮 10 分钟后方可饮用。

(2) 从河流、湖泊、池塘、山泉等处取的水，需消毒后饮用。

(3) 不要直接食用冰和雪解渴，因为雪和冰会降低体温或造成更严重的脱水。

(4) 丛林中植物中的乳汁状的汁液不能喝，可能有毒。

(5) 不要饮用尿液，那样会觉得恶心，并且对身体也有害。

(6) 减少活动，避免体液损失。

(7) 飞机上带下的水和应急水应放在最后使用。

(8) 合理分配水量。

(9) 沙漠中的湖泊和水坑中的水，如含有盐碱味，不要饮用。

(10) 长期缺水后不能突然大量饮水，饮水前先浸润唇、舌、喉咙。

四、食物的选择

（一）寻找食物

(1) 在不影响撤离速度的情况下，可从飞机上带下可用食品。

(2) 从昆虫身上获取食物。

(3) 猎捕野兽和鸟类作为补充食物。

(4) 捕食鱼类。

(5) 采摘野生藤本植物。

(6) 捕捉爬行动物。

(7) 飞机货舱内可食用的货物。

（二）进食时的注意事项

(1) 应急食品要放在最迫不得已时再食用。

(2) 昆虫除蝗虫外，基本都可生吃，但烧烤后味道更好，吃时要去掉胸腔、翅膀和腿。但不要食用蜈蚣、蝎子、蜘蛛、苍蝇、红蚁和蚊子。

(3) 食用鸟类及兽肉之前，应先放血，去皮取内脏，然后经烧烤后食用，在取内脏时不要碰破胆囊，并将多余的肉储存。

(4) 淡水鱼一定要将其煮熟后食用。

(5) 野生藤本植物作为最后的求生食品时，一要熟悉其属性，二要在食用前先分辨一下是否有毒，有毒的植物可能会有下列现象：①触摸后有刺痒感及红肿；②折断的树枝中上有乳汁样的汁液流出；③嚼在嘴中有烧灼感、辛辣苦涩或滑腻味。不是所有有毒的植物都有怪味，有时是甜味，如咀嚼 8 小时后无特殊感觉，就可放心食用。

五、野外取火

（一）生火的必备条件

(1) 火花源：火柴、打火机、火石、信号弹等。

(2) 引火物：棉绒、纸绒、脱脂棉、蘸过汽油的抹布、干枯的草。

(3) 燃料：干燥的树枝枯枝、灌木、捆成束的干草、地面裸露的煤块、干燥的动物粪便、动物脂肪、飞机上的汽油和滑油。

(二)火场的设置

(1) 火场最好设置在沙土地和坚硬的岩石上。如果在丛林中生火,要尽可能地选择在林中的空地上,同时要清除周围地面上的一切可燃物,如树枝、树叶、枯草等,还要在近处准备好水、沙子或干土,以防引起森林大火。

(2) 如果是在雪地、湿地或冰面上生火,可先用木头或石块搭一个生火的平台。作为取暖用的火,可利用天然的沟坎,或先用圆木垒成墙,以利于将热量反射到隐蔽所中。

(三)成功取火的条件

(1) 保持足够的火花源并使其始终干燥。

(2) 要为第二天准备足够的引柴和燃料,并用干燥的东西将其盖好。

(3) 点火时,火种应在引火堆的下风向。

六、信号与联络

(一)可用资源

(1) 飞机残骸:坠机后可找到如燃油、轮胎及一些可燃或绝缘材料作为有用的信号源,点燃它们可形成大火或浓烟。

(2) 天然材料:干的树枝、树皮、树叶都是很好的燃料,而湿的材料燃烧时会形成浓烟。

(3) 应急定位发射器及救生包内的信号设备。

(4) 手电筒:在夜间可以利用手电筒作为信号,很远的地方可以看到。国际通用的SOS求救信号是三次短闪,三次长闪,三次短闪。

(5) 哨子:哨子是发出声响信号的理想手段,一分钟6次哨音,间歇一分钟,再重复。

(6) 漂流瓶:在小溪中施放一个刻有"SOS""求救"字样的漂流瓶或木块等也是引人注目的方法。

(二)信号方式

(1) 火光:火在白天和夜间都可作为信号,三堆火组成的三角形信号是国际上一种通用的遇难信号。若附近有河流,也可扎三个小木筏,将火种放在上面,并在两岸固定,沿水流做箭头状。

(2) 浓烟:浓烟是很好的定位方式,升空后会与周围环境形成反差,易受人注目。在火堆上添加绿草、绿叶、苔藓、蕨类植物或其他湿的物品,如坐垫等,都可形成白色浓烟,适用于丛林。在火堆上添加汽油和橡胶会形成黑色浓烟,适用于雪地或沙漠。三个烟柱组成的三角形也是一种国际遇难信号。蓝天用白烟，雪天和阴天用黑烟。

(3) 地对空信号：利用树丛、树叶、石头、雪等天然材料堆成各种求援符号，以吸引来自空中的救援人员的注意。国际公认的求援符号有5种：

① "V"字表示求援者需要帮助。
② "箭头"表示求援者行进的方向。
③ "X"表示幸存者需要医疗救护。
④ "Y"和"N"分别表示"是"或"不是"。
⑤ "SOS"表示请求援助我们。

（三）发信号时的注意事项

(1) 做好发信号的一切准备，并保证其有效性。

(2) 应保证铺设的信号在24小时内都有效，因为信号在昼间大部分时间内都有阴影，所以铺设方向应为东、西方向，其线条宽度为3英尺，长度不短于18英尺，并定时检查。

(3) 所有信号的发出和铺设应在开阔地带，可能的情况下多准备几种信号。

(4) 用火作为信号时，应选择离其他树较远的孤立稠密的常青树，避免引起森林火灾。

(5) 保护好信号材料不受冷、受潮。

(6) 烟雾和反光镜是仅次于无线电的最佳联络手段。

(7) 任何异常的标志，或颜色与周围环境差异明显，在空中都能被发现。

七、陆地求生的要点

(1) 充分休息，保存体力，不要无目的地走动或大声呼喊，每晚应睡7～8小时。

(2) 保持避难所的清洁，脏物应存放在离住处较远的地方。

(3) 尽可能地保持自身的清洁，以使自身处于良好的精神状态下。

(4) 在沙漠中生存应尽可能躲避太阳的辐射，以减少体内水分的蒸发，寻找水源和食物的工作最好在傍晚、清晨、夜间进行。

(5) 在丛林地带生存应避免蚊虫叮咬；在阴冷的天气里，尽可能保持身体的干燥和温暖。

(6) 在身体条件允许的情况下，适当锻炼身体，但不要超量。

(7) 除了必须转移到安全干燥的地区以外，幸存者应留在遇险地区等待救援。

(8) 人员要集中，避免走散，随时清点人数。

第三节 水上求生

在所有求生环境中,由于人们对海洋环境缺乏认识,海上求生就变得尤其可怕和艰难,在寒冷的海水中体温会迅速下降,必须设法尽快登上陆地或救生船中。

一、海上生存的特点

(1) 海上缺乏参照物,难辨方向,不易发现目标,生存人员很难判断所处的位置。

(2) 海上风大浪高,平均风力3~4级,有时风力可达10级以上。

(3) 海上缺乏淡水。

(4) 海水温度低。海面平均水温不超过20℃,有13%的水表温度在4℃以下。

(5) 海洋生物对人的伤害。

二、水中取暖

(1) 在冷水中尽量减少活动,保存体力,减少热量的散发。

(2) 减少冷水与人体的接触面,保持体温,以减少热量的损失。

(3) 水中取暖法:

① 聚集保暖法:几人组成一个面向中心的圆圈,手臂相搭,身体的侧面相接触,紧紧地围成一圈。

② 单人保暖法:双腿向腹部蜷曲,两手交叉抱住双膝于胸前。

(4) 不要在水中脱弃衣物鞋袜。

身着薄衣的成人在10℃的水中生存时间的估计如图9-2所示。

无救生衣	踩水	2小时
救生衣	游泳	2小时
救生衣	保护姿势	4小时

图9-2 身着薄衣的成人在10℃水中的大致生存时间

三、水源的选择

(一) 海水

海水是海上生存者面对的最大水源,却不能直接饮用,包括加入部分淡水也不能饮用。如果饮用就会加速脱水,对人体组织具有破坏作用,会引起许多器官和系统的严重损伤。

因此，在海上生存是禁止直接饮用海水的。

（二）淡水

淡水是生存中至关重要的必需品，若没有水，一个人只能生存 3 天。有了水，才能保证身体的正常代谢。在救生船中生存时，可通过以下方法确保淡水供应。

(1) 离机前，尽量收集机上饮料带到船上。

(2) 收集雨水，利用船上的设备储存雨水。

(3) 收集金属表面的露水。

(4) 在某些海域，冰山也是淡水的来源，但靠近冰山时要很小心，冰山翻转十分危险。

(5) 利用海水淡化剂淡化海水使其成为可饮用淡水。

（三）饮水时的注意事项

(1) 先使用已有的淡水，再进行海水的淡化。

(2) 除非特别渴，否则在救生船内的第一个 24 小时不要喝水，婴儿和伤员可适当分配。以后的日子里，如果水量有限，每天喝 480mL 水。当雨水充足或 480mL 不能满足需要时，每天可以喝 700mL 或更多。

(3) 当淡水很少时，在下雨前只能用水湿润嘴和呷一点水。

(4) 为减少渴的感觉时，可在嘴中含一个纽扣或口香糖，增加唾液的分泌。

(5) 不能抽烟，不能饮酒及咖啡因制品，避免体内水分的散发，酒可以留下用于外伤消毒止痛。

(6) 尽量少动，多休息，减少体内水分的消耗。

四、食物的选择

（一）食物的来源

(1) 在离开飞机前尽可能地收集机上的食品以备带上船使用。

(2) 飞机断裂后货舱内散落出的漂浮在水面上的可食用货物。

(3) 海里的鱼类及海面上的飞鸟。

(4) 救生包内的应急口粮。

（二）进食时的注意事项

(1) 水量多时，先吃蛋白食物；水量少时，先吃碳水化合物。

(2) 鱼类是海上生存最大的食物来源，但不熟悉的鱼类不要食用。

五、寻找陆地

（一）确定陆地或海岛的位置

(1) 在晴朗的天空，远处有积云或其他云聚集在那里，积云下面可能有陆地或岛屿。
(2) 黎明鸟群飞出的方向，黄昏鸟群飞回的方向，可能是陆地或岛屿。
(3) 通常情况下，白天风吹向陆地，晚上风吹向海面。
(4) 在热带海域，天空或云底的淡绿色，通常是由珊瑚礁或暗礁所反射形成的。
(5) 漂浮的树木或植物意味着附近有陆地。
(6) 不要被海市蜃楼所迷惑，在船上改变坐的高度时，海市蜃楼不是消失便是改变形状。

（二）登陆

登陆是海洋生存的最后环节，要想顺利成功地实施登陆，要做到以下几点。
(1) 选择最佳登陆点，尽力向其靠近。
(2) 穿好救生衣并充好气。
(3) 穿好所有的衣服鞋帽。
(4) 靠岸时，尽量放长海锚绳，降低船向登岸点的接近速度，保证安全。
(5) 救生船在海滩上着陆前不能爬出救生船。
(6) 救生船一旦登陆，迅速下船并立即设法将船拖上海滩。

第四节　特殊环境的求生

一、极地 / 冬季环境

（一）飞跃极地的航班

极地飞行是指途经南北极地的航空飞行。早在 1926 年 5 月 9 日，美国人伯得和贝内特驾驶 FVIIA-3M 三发单翼飞机，从挪威斯匹次卑尔根岛起飞穿越北冰洋上空，成功飞越北极点后安全返回。1929 年 11 月 28 日，伯得等四人机组驾驶一架福特 4-AT 三发飞机从南极洲边缘的小阿美利加基地起飞，飞临南极后安全返回。往返飞行时间 18 小时 59 分钟。伯得成为世界上第一个成功飞越地球两极的人。

极地航线是指所飞行的航路穿越极地区域的航线，人类的商业航空活动大多在北半球，因此通常所说的极地航线是指飞越北纬 78°00′进入北极区域的航线。目前，极地航线用于美洲和亚洲之间的航班。

以东航上海浦东—纽约—上海浦东航班为例，常规航路是飞越太平洋。因为地球大气系统中存在西风急流，从上海飞往纽约是向东飞行，尽管航线距离长达7100海里（约合13150公里），由于通常都有平均数十海里的顺风，空中飞行时间只有大约14小时左右。但从纽约飞往上海，如果按照传统的向西跨越太平洋上空的航路，飞行就是逆风飞行，空中飞行时间将需要17小时以上，中途不得不加降安克雷奇或东京国际机场。

由于地球是一个近似球体，地球上两个城市之间的最短距离是大圆航线。纽约和上海之间的大圆航线必须经过北极区域。选择经过北极区域的航路可使航线距离缩短约300海里，飞行时间缩短至14小时左右。极地航线既节省了燃油消耗，又缩短了飞行时间，为航空公司降低了运营成本。

尽管科学研究证明极地航线是安全可靠的，但一部分经常乘坐此航班的乘客和执行飞行任务的空勤人员还是会有所担忧。认为飞越北极地区时，飞行高度高，人体和飞机受到来自宇宙太阳辐射、磁暴辐射和无线电辐射的影响较高，会对身体造成有害的影响。

（二）极地/冬季环境求生的注意事项

冬季气温通常在零度以下，且伴有大风，尤其在极地地区，冬季气温达到-50℃左右，风速有时会在40km/h以上。大风会导致实际体感温度远低于温度计显示的温度。当人的身体发颤时，表明体温已经开始下降。体温低于30℃对身体是有伤害的。

当处在任何低温强风和冰雪覆盖的地区时都必须应用以下冬季求生原则。

(1) 携带救生衣作御寒之用。

(2) 卸下并带上所有滑梯。

(3) 滑梯应充气架设作为掩体，并尽快让乘客进入避寒。

(4) 启动应急求救发射机。

(5) 在可能条件下收集飞机上的枕头、毛毯分给大家，让大家尽量靠近坐好以保存体温。

(6) 熟悉救生包里的物品。

(7) 经常地指挥大家做温和的运动，例如坐着屈伸腿部，运动手指和脚趾等。

(8) 避免喝酒类饮料，因有体温散发的危险。

(9) 必须经常放进一些新鲜空气到掩体里面，由于掩体内部的二氧化碳含量增高会造成危害。

(10) 不要让所有人同时睡觉，日夜都需要安排人员担任轮流守望工作。

(11) 不要试图在暴风雪来临时迁移。

(12) 在冰雪融化的季节里注意避开浮冰，避免陷入沼泽中。

(13) 搓揉面部皮肤，防止形成僵硬红斑，防止雪晕和冻伤。

(14) 设法取暖，将飞机燃油储存在容器中，需要时使用。

(15) 发现援救者时，白天使用烟雾信号和反光镜，夜间使用火炬和信号弹，放烟雾信号和火炬时要在风下侧。

二、沙漠环境

（一）沙漠情况

沙漠是一种特殊的环境形态，主要特点是干旱缺水，温度变化大，风沙肆虐，植物稀少，只有稀疏的灌木。

由于沙漠地区云量少、降水稀少、空气湿度小，缺乏植被覆盖，沙漠边缘地区的夏季最高气温经常超过40℃，地表在强太阳辐射下低层空气增温加剧。如吐鲁番地表最高温度可达76℃。沙漠地区气温高、相对湿度小，因此蒸发力非常旺盛。如塔克拉玛干沙漠年降水量不足50mm，而年蒸发量达3000mm以上。沙漠多风，且集中于春夏季，其间大风日数约占全年大风日数的70%～74%，最大风速可达40m/s。沙漠地区以细沙为主，由于沙粒细小、量大，当风速大于5m/s时就能把细沙吹起，形成沙暴、扬沙和浮尘天气。

（二）寻找水源

(1) 地面比较潮湿，长有草、树丛的位置。

(2) 生长芦苇的地方，1～5米以下有地下水。

(3) 跟踪动物足迹，常常可以找到水。

(4) 四面高、中间低的掌心地或低洼地。

(5) 干涸的河床，尤其是两山夹一沟。

(6) 牧民旧住址以及水井标志处。

(7) 流入咸水湖的河水常常是淡水。

（三）求生的注意事项

(1) 携带救生衣备夜间御寒用。

(2) 卸下并带上所有滑梯。

(3) 将滑梯充气，并将帐篷架设好作为掩体，然后尽快让乘客进入里面。

(4) 启动紧急求救发射机。

(5) 熟悉救生包里的物品。

(6) 将现有的饮水保留给伤患人员。

(7) 减少日间活动。

(8) 发现搜救者时,白天使用烟雾信号和反光镜,夜间使用火炬和信号弹。使用烟雾信号和火炬时要在风下侧。

三、森林环境

【案例 9-2】

据英国《太阳报》报道,当地时间 2021 年 3 月 8 日,巴西失踪 5 周的飞行员安东尼奥·塞纳 (Antonio Sena) 终于和家人团聚了。

这名 36 岁的飞行员 1 月 28 日从位于亚马孙河北岸的帕拉州阿伦克尔起飞,飞往附近城市阿尔梅林,但因飞机机械故障,他迫降在丛林的空地上。在飞机内部起火之前,成功将装有面包和其他物品的背包抢救了出来。他在烧毁的飞机附近待了一周,搜救队的飞机就在上空盘旋,但是却没有人发现他。后来,他开始徒步寻求帮助,在丛林中靠吃面包、鸟蛋和雨水生存了 36 天。3 月 5 日,他终于遇到了一群采摘果子的人,这才有机会和外界取得联系。获救后经检查,他只是受了些轻伤,在接受治疗后已经出院。

由于丛林里有丰富的食物和水源,因此丛林求生是最容易的,这里最大的危机是惊慌失措和昆虫及植物引起的疾病。生存要点如下。

(1) 带上救生衣以便在任何空地显出对比色彩。

(2) 卸下并带上所有滑梯。

(3) 最好在空旷的地方将滑梯打开,将其架设起来作为住所。

(4) 启动应急求救发射机。

(5) 熟悉救生包里的物品。

(6) 当发现搜救人员及设备时,如飞机、直升机、远方的车马人员等,白天使用烟雾信号和反光镜,夜间使用火炬或信号弹,使用烟雾信号和火炬时,一定要在风下侧。

思考题

1. 飞机备降与飞机迫降的区别是什么?
2. 影响撤离生存的因素有哪些?
3. 陆地上天然的避难所有哪些?

4. 陆地上修建避难所需要注意什么？

5. 如何在陆地上寻找水源？

6. 陆地上可供食用的食物有哪些？

7. 生火的必备条件是什么？

8. 陆地上都可以使用哪些资源作为联络信号？

9. 国际公认的求援符号有哪些？

10. 水中聚集取暖和单人取暖的方法分别是什么？

11. 海上饮用淡水时需要注意什么？

12. 海上如何确定陆地或海岛的位置？

13. 极地/冬季环境求生的注意事项是什么？

14. 沙漠中如何寻找水源？

参 考 文 献

[1] 王永刚，张秀艳，刘玲莉等. 国内外民航 SMS 的建设进展 [J]. 中国民用航空，2009(2).

[2] 向莉，金良奎. 客舱安全管理 [M]. 北京：中国人民大学出版社，2020.

[3] 钟科. 民航安全管理 [M]. 北京：清华大学出版社，2017.

[4] 李红丽. 我国民航业安全管理体系 (SMS) 的建设与应用研究——以山东航空公司为例 [D]. 济南：山东大学，2010.

[5] 朱振. 民航安全管理现状与对策的研究 [J]. 智库时代，2019(034)：235-235.

[6] 空港航站楼. 安全管理体系中 Reason 模型介绍 [OL]. 搜狐号，2017-09-09.

[7] 李冬宾，孙瑞山. 人为因素分析系统 (HFACS) 及实例分析 [N]. 中国民航学院学报，2005-05(23).

[8] 纪伟阁. 机组间的交流和沟通 [J]. 环球飞行，2015(009).

[9] 董巍. 论民航飞行安全的重要性 [J]. 世界家苑，2018-06.

[10] 罗晓利，曾先林. 基于"5M"模型的航空公司风险因素清单 [J]. 国际航空，2014-05.

[11] 张焕. 机场跑道环境对飞行安全的影响 [J]. 国际航空，1998-12.